AF275164

15'00 €

Disfrute gratuitamente **DURANTE UN AÑO** de los eBook y audiolibros de las obras de Editorial Colex*

- ⊗ Acceda a la página web de la editorial **www.colex.es**

- ⊗ Identifíquese con su usuario y contraseña. En caso de no disponer de una cuenta regístrese.

- ⊗ Acceda en el menú de usuario a la pestaña «Mis códigos» e introduzca el que aparece a continuación:

RASCAR PARA VISUALIZAR EL CÓDIGO

- ⊗ Una vez se valide el código, aparecerá una ventana de confirmación y su eBook y/o audiolibro estará disponible **durante 1 año desde su activación** en la pestaña «Mis libros» en el menú de usuario.

---

* Los audiolibros están disponibles en las ediciones más recientes de nuestras obras. Se excluyen expresamente las colecciones «Códigos comentados», «Biblioteca digital» y los productos de www.vademecumlegal.es.

No se admitirá la devolución si el código promocional ha sido manipulado y/o utilizado.

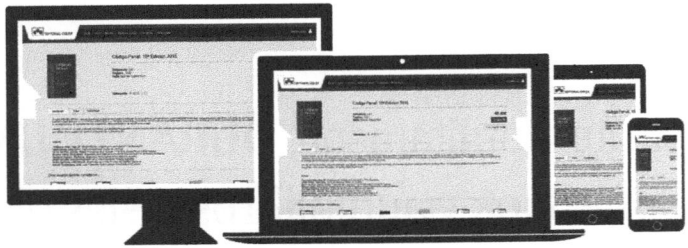

¡Gracias por confiar en nosotros!

La obra que acaba de adquirir incluye de forma gratuita la versión electrónica. Acceda a nuestra página web para aprovechar todas las funcionalidades de las que dispone en nuestro lector.

Funcionalidades eBook

Acceso desde cualquier dispositivo con conexión a internet

Idéntica visualización a la edición de papel

Navegación intuitiva

Tamaño del texto adaptable

Síguenos en:

CÓMO MODIFICAR DECLARACIONES DE IRPF CON LAS NUEVAS RECTIFICATIVAS

Todas las claves para saber cuándo utilizar las nuevas rectificativas y cuándo el antiguo sistema de complementaria y solicitud de rectificación

CÓMO MODIFICAR DECLARACIONES DE IRPF CON LAS NUEVAS RECTIFICATIVAS

Todas las claves para saber cuándo utilizar las nuevas rectificativas y cuándo el antiguo sistema de complementaria y solicitud de rectificación

EDICIÓN 2025

Obra realizada por el Departamento de Documentación de Iberley

COLEX 2025

© Editorial Colex, S.L.
Calle Costa Rica, número 5, 3º B (local comercial)
A Coruña, C.P. 15004
info@colex.es
www.colex.es

I.S.B.N.: 979-13-7011-118-2
Depósito legal: C 725-2025

SUMARIO

ANEXO.
CASOS PRÁCTICOS

ANEXO II.
FORMULARIO

0.
INTRODUCCIÓN: LAS AUTOLIQUIDACIONES RECTIFICATIVAS Y EL NUEVO SISTEMA DE REGULARIZACIÓN EN IRPF

Autoliquidaciones rectificativas y el nuevo sistema de regularización del IRPF

El nuevo sistema de regularización fue introducido en nuestro ordenamiento jurídico por medio de la Ley 13/2023, de 24 de mayo, por la que se realiza la transposición de la Directiva (UE) 2021/514, del Consejo de 22 de marzo de 2021. Esta norma modificó el artículo 120 de la LGT con el objetivo de establecer un **sistema único para la corrección de las autoliquidaciones**. Se incorporó al precepto la **autoliquidación rectificativa** como una nueva figura **llamada a sustituir, en los tributos en los que así se estableciera, al tradicional sistema dual de autoliquidación complementaria y solicitud de rectificación**. Por lo que, tal y como ya anticipaba el preámbulo de dicha norma, *«mediante la presentación de una autoliquidación rectificativa el obligado tributario podrá rectificar, completar o modificar la autoliquidación presentada con anterioridad, con independencia del resultado de la misma, sin necesidad de esperar la resolución administrativa».*

En particular, tras ese cambio, el artículo 120.3 de la LGT mantiene la previsión previa, según la cual el obligado que considere que una autoliquidación ha perjudicado de cualquier modo sus intereses legítimos, podrá instar su rectificación de dicha autoliquidación de acuerdo con el procedimiento que se regule reglamentariamente. Pero, a mayores, establece que *«cuando lo establezca la normativa propia del tributo, la rectificación deberá ser realizada por el obligado tributario mediante la presentación de una autoliquidación rectificativa, conforme a lo dispuesto en el apartado 4 de este artículo».* Añadiendo el apartado 4 del precepto, que fue incorporado por la norma mencionada, que, en aquellos casos en los que lo establezca la normativa propia del tributo, deberá presentarse una autoliquidación rectificativa, utilizando el modelo normalizado que al efecto se apruebe, *«con la finalidad de rectificar, completar o modificar otra autoliquidación presentada con anterioridad»*.

> **A TENER EN CUENTA.** Asimismo, la Ley 13/2023, de 24 de mayo, introdujo una nueva disposición adicional vigésima sexta en la LGT, referida a la adaptación de las referencias normativas relativas al régimen de las autoliquidaciones rectificativas. Conforme a ella, cuando la normativa propia del tributo establezca que la rectificación de una autoliquidación debe realizarse mediante una autoliquidación rectificativa, las referencias contenidas en las disposiciones vigentes a la solicitud de rectificación de autoliquidación se entenderán realizadas para dicho tributo a la autoliquidación rectificativa.

La incorporación a la normativa de los tributos se realizó por medio del Real Decreto 117/2024, de 30 de enero, el cual modificó diferentes reglamentos tributarios para implantar la autoliquidación rectificativa en el IRPF, el IVA, el IS, los Impuestos Especiales de Fabricación, el Impuesto Especial sobre el Carbón, el Impuesto Especial sobre la electricidad y el Impuesto sobre los Gases Fluorados de Efecto Invernadero.

En el caso del IRPF, tras la reforma, esta figura aparece recogida en el artículo 67 bis del RIRPF. El nuevo contenido de este precepto se encontraba condicionado a que entrara en vigor la orden ministerial por la que se aprueben los correspondientes modelos de declaración. Este condicionante se cumplió con la entrada en vigor el 15 de marzo de 2025 de la Orden HAC/242/2025, de 13 de marzo, que introdujo los cambios necesarios en el modelo de declaración y ha supuesto la implementación efectiva de la autoliquidación rectificativa en el IRPF.

Según indica la AEAT en el Manual de Renta 2024, este **nuevo sistema se configura como el procedimiento general de modificación de declaraciones de IRPF correspondientes al período impositivo 2024.** Sin embargo, las modificaciones de declaraciones correspondientes a períodos impositivos anteriores a 2024 se efectuarán de acuerdo con el sistema anterior.

De esta forma las autoliquidaciones rectificativas pasarán a constituir la vía general para rectificar, completar o modificar las autoliquidaciones ya presentadas en el ámbito del IRPF. Como regla general, los contribuyentes deberán rectificar, completar o modificar las autoliquidaciones presentadas por el IRPF mediante la presentación de una autoliquidación rectificativa, utilizando el correspondiente modelo de declaración.

Sin embargo, y a modo de excepción, cuando el motivo de la rectificación del obligado tributario sea exclusivamente la alegación razonada de una eventual vulneración por la norma aplicada en la autoliquidación previa de los preceptos de otra norma de rango superior legal, constitucional, de derecho de la UE o de un tratado o convenio internacional se podrá instar la rectificación a través del procedimiento previsto en el artículo 120.3 de la LGT.

1.
MODIFICACIÓN DE AUTOLIQUIDACIONES DEL EJERCICIO 2024 Y POSTERIORES: NUEVO SISTEMA ÚNICO SURGIDO CON LA AUTOLIQUIDACIÓN RECTIFICATIVA

La modificación de autoliquidaciones de 2024 y posteriores

La autoliquidación rectificativa se introduce en la normativa del IRPF mediante el Real Decreto 117/2024, de 30 de enero, en virtud del cual se modificó el artículo 67 bis del RIRPF incorporándose en él la regulación de esta figura en el ámbito del IRPF, cuya aplicación efectiva quedó a espera de la orden ministerial que aprobase los modelos de declaración. Dichos modelos fueron aprobados mediante la Orden HAC/242/2025, de 13 de marzo, con entrada en vigor el 15 de marzo de 2025.

Según indica la AEAT en el Manual de Renta 2024, este nuevo sistema se configura como el procedimiento general de modificación de declaraciones de IRPF correspondientes al período impositivo 2024. Sin embargo, las relativas a **períodos impositivos anteriores a 2024** se efectuarán de acuerdo con el sistema anterior.

1.1. La autoliquidación rectificativa como regla general

¿Cuál es la regla general para modificar las declaraciones ya presentadas del IRPF?

Como se ha mencionado previamente, se configura como regla general para dichas modificaciones la **autoliquidación rectificativa**. Así, el artículo

67 bis del RIRPF, relativo a las autoliquidaciones rectificativas, contempla, en virtud de la modificación realizada por el Real Decreto 117/2024, de 30 de enero, la figura de la autoliquidación rectificativa.

En dicho artículo se indica que **los contribuyentes deberán rectificar, completar o modificar las autoliquidaciones** que han sido presentadas por el IRPF mediante una autoliquidación rectificativa **empleando para ello el modelo de declaración aprobado por orden ministerial**. Esto será así **a excepción del supuesto especial** en que el motivo de la rectificación sea exclusivamente la alegación de una eventual vulneración por la norma aplicada en la autoliquidación previa de los preceptos de otra norma de rango superior legal, constitucional, de derecho de la Unión Europea o de un tratado o convenio internacional, supuesto que se tratará en su epígrafe correspondiente.

La disposición adicional vigésima sexta de la LGT, introducida por la Ley 13/2023, de 24 de mayo, regula la adaptación de las referencias normativas relativas al régimen de autoliquidaciones rectificativas indicando que en los supuestos en que la normativa de un tributo establezca que la rectificación de una autoliquidación ha de realizarse mediante la presentación de una autoliquidación rectificativa, las **referencias normativas** que se encuentren contenidas en las disposiciones vigentes **a la solicitud de rectificación de autoliquidación se han de entender realizadas para este a la autoliquidación rectificativa.**

En relación con lo anterior, la LGT también contempla dicha autoliquidación al indicarse en el apartado 3 del artículo 120 de la ley que *«cuando lo establezca la normativa propia del tributo, la rectificación deberá ser realizada por el obligado tributario mediante la presentación de una autoliquidación rectificativa, conforme a lo dispuesto en el apartado 4 de este artículo»,* y añadiendo a lo anterior en su apartado 4 que, la finalidad de la presentación de la autoliquidación rectificativa es rectificar, completar o modificar otra autoliquidación que se haya presentado con interioridad.

> **A TENER EN CUENTA**. No se podrá presentar documentación adjunta con las autoliquidaciones rectificativas.

1.1.1. Supuestos

¿En qué supuestos se utilizará la autoliquidación rectificativa?

Como decimos, en general, los contribuyentes deberán rectificar, completar o modificar las autoliquidaciones del IRPF ya presentadas presentando una autoliquidación rectificativa, utilizando para ello el correspondiente modelo de declaración; salvo en el caso de que el motivo de la rectificación sea exclusivamente la eventual vulneración por la norma aplicada en la autoliquidación previa de los preceptos de otra norma de rango superior (supuesto en el que podrá instarse la rectificación por el antiguo procedimiento o bien utilizar la rectificativa, se estudiará en un epígrafe posterior).

En cualquier caso, de un modo particular, el apartado 4 del artículo 67 bis del RIRPF detalla los supuestos en los que la autoliquidación rectificativa puede rectificar, completar o modificar una autoliquidación anteriormente presentada:

– Cuando de la rectificación efectuada resulte un **importe a ingresar superior al de la autoliquidación anterior o una cantidad a devolver inferior a la anteriormente autoliquidada**.

– En los supuestos no contemplados en el punto anterior, cuando del cálculo efectuado en la autoliquidación rectificativa **resulte una cantidad a devolver**.

– Cuando de la rectificación efectuada **resulte una minoración del importe a ingresar de la autoliquidación previa y no proceda una cantidad a devolver**.

1.1.2. Plazo de presentación y contenido

¿Cuándo se ha de presentar la autoliquidación rectificativa y qué contendrá?

Para que la autoliquidación rectificativa surta efecto, se han de tener en cuenta dos factores importantes, el plazo de presentación y el contenido de esta.

Plazo

El plazo de presentación de la autoliquidación rectificativa se encuentra contemplado en el apartado 2 del artículo 67 bis del RIRPF. En él se establece que se **podrá presentar antes de la prescripción del derecho de la Administración para determinar la deuda tributaria** — prescripción de dicho derecho que se producirá a los cuatro años, en virtud de lo dispuesto en el artículo 66 de la LGT— mediante liquidación o el derecho a solicitar la devolución que en su caso proceda. Cuando se presente **fuera del plazo** de declaración, tendrá el **carácter de extemporánea**.

Respecto al **carácter extemporáneo** de la autoliquidación rectificativa se ha de tener en cuenta lo dispuesto en el artículo 198 de la LGT, apartados 1 y 2. En ellos se indica que constituyen infracción tributaria, entre otros, la no presentación en plazo de autoliquidaciones cuando no se haya producido o no se pueda producir perjuicio económico para la Hacienda pública y que, si se presentan en plazo las autoliquidaciones o declaraciones incompletas, inexactas o con datos falsos y, posteriormente se presentase fuera de plazo y sin requerimiento previo una autoliquidación o declaración complementaria o sustitutiva de las anteriores, no se producirá la infracción a que se refieren los artículos 194 o 199 de la LGT en relación con las autoliquidaciones o declaraciones presentadas en plazo y se impondrá la **sanción** resultante de la aplicación del apartado 2 del mencionado artículo de la LGT **respecto de lo declarado fuera de plazo**.

Contenido

Como se indica en el Manual de Renta 2024, la **autoliquidación rectificativa se presentará a través del modelo 100** de declaración del IRPF. En este modelo el contribuyente ha de indicar de manera expresa que se trata de una autoliquidación rectificativa de otra autoliquidación anterior de 2024 y correspondiente al mismo concepto, ejercicio y periodo; y tendrá que consignar el número de justificación de la autoliquidación que pretenda modificarse.

Por otra parte, deberá indicarse el motivo por el que se presenta la rectificativa. A tales efectos, se incluirán en la rectificativa aquellos datos incluidos en la autoliquidación presentada previamente. Se han de incluir los que no son objeto de modificación, los que sí lo son y aquellos que son de nueva inclusión.

En aquellos supuestos en que se presente la **autoliquidación rectificativa por una discrepancia de criterio administrativo**, el contribuyente deberá marcar la casilla correspondiente al efecto. Asimismo, ha de consignar el importe que considere correcto en la casilla correspondiente, siempre y cuando esto sea posible.

A TENER EN CUENTA. La casilla de discrepancia de criterio administrativo comprenderá aquellos supuestos en que exista discrepancia en la interpretación de la norma, **siempre y cuando no exista vulneración de una norma de rango superior.**

1.1.3. Efectos

¿Qué efectos tiene la presentación de la autoliquidación rectificativa?

Si se ha realizado y presentado correctamente la autoliquidación rectificativa, con carácter general se entenderá subsanado el error, pero existen determinadas particularidades. Son las siguientes:

- Cuando de la rectificación efectuada **resulte un importe a ingresar superior al de la autoliquidación anterior o una cantidad a devolver inferior a la anteriormente autoliquidada**. En estos supuestos se aplicará el régimen previsto para las autoliquidaciones complementarias en el artículo 122.2 de la LGT y 119 del RGAT.

- En los supuestos no contemplados en el párrafo anterior, cuando del cálculo efectuado en la autoliquidación rectificativa **resulte una cantidad a devolver**, con la presentación de la autoliquidación rectificativa se entenderá solicitada la devolución. El procedimiento de devolución iniciado mediante autoliquidación rectificativa se tramitará conforme al régimen del procedimiento previsto en los artículos 124 a 127 de la LGT y su normativa de desarrollo, sin perjuicio de la obligación de abono de intereses de demora conforme a lo establecido en el apartado 3 del artículo 120 de dicha ley.

El plazo para efectuar la devolución será de seis meses a contar desde que finalice el plazo reglamentario para la presentación de la autoliquidación o, si éste hubiese concluido, desde la presentación de la autoliquidación rectificativa. Si con la presentación de la autoliquidación previa se hubiese solicitado una devolución la cual no se hubiese efectuado al tiempo de presentar la autoliquidación rectificativa, con la presentación de esta última se considerará finalizado el procedimiento iniciado mediante la presentación de la autoliquidación previa.

– Cuando de la rectificación efectuada **resulte una minoración del importe a ingresar de la autoliquidación previa y no proceda una cantidad a devolver,** se mantendrá la obligación de pago hasta el límite del importe a ingresar que resulte de la autoliquidación rectificativa.

En el supuesto en que la deuda resultante de la autoliquidación previa estuviese aplazada o fraccionada, con la presentación de la autoliquidación rectificativa se entenderá solicitada la modificación en las condiciones del aplazamiento o fraccionamiento conforme a lo previsto en el segundo párrafo del apartado 3 del artículo 52 del Real Decreto 939/2005, de 29 de julio.

Si el ingreso derivado de la autoliquidación previa estuviese domiciliado y la autoliquidación con resultado a ingresar se presentase dentro del plazo de domiciliación, el nuevo importe que resultante de la autoliquidación rectificativa podrá ser domiciliado.

A TENER EN CUENTA. Como se ha mencionado previamente y se indica en el apartado 5 del artículo 67 bis del RIRPF *«la autoliquidación rectificativa no producirá efectos respecto a aquellos elementos que hayan sido regularizados mediante liquidación definitiva o provisional en los términos a que se refieren los apartados 2 y 3 del artículo 126 del Reglamento General de las actuaciones y los procedimientos de gestión e inspección tributaria y de desarrollo de las normas comunes de los procedimientos de aplicación de los tributos, aprobado por el Real Decreto 1065/2007, de 27 de julio, respectivamente»*.

CUESTIÓN

Si una autoliquidación rectificativa resulta a ingresar, ¿ese ingreso puede fraccionarse en dos plazos?

No, el ingreso de las rectificativas del IRPF no podrá fraccionarse en dos plazos. En ese sentido, el artículo 62.2 del RIRPF, expresamente señala que a través del procedimiento de pago en dos plazos que contempla no se podrá fraccionar «el ingreso de las autoliquidaciones complementarias».

1.2. El supuesto excepcional en el que podrá seguir utilizándose el procedimiento de rectificación tradicional

¿Cuándo podrá seguirse empleando la rectificación tradicional, esto es, el sistema dual?

El RIRPF contempla una excepción a la norma general respecto de la autoliquidación rectificativa. Esta se da cuando el motivo de la rectificación del obligado tributario es exclusivamente la **alegación razonada de una eventual vulneración por la norma aplicada en la autoliquidación previa de los preceptos de otra norma de rango superior legal, constitucional, de derecho de la Unión Europea o de un tratado o convenio internacional**, en cuyos casos se podrá instar la rectificación a través del procedimiento previsto en el artículo 120.3 de la LGT y desarrollado en los artículos 126 a 128 del RGAT. Es decir, en estos supuestos **se podrá solicitar la rectificación a través del antiguo sistema o bien presentar una autoliquidación rectificativa**. Si este motivo concurriese con otros motivos de distinta naturaleza, por estos últimos el obligado tributario tendrá que presentar una autoliquidación rectificativa.

Por lo que respecta al procedimiento previsto en el artículo 120.3 de la LGT, en él se establece que cuando un obligado tributario considere que una autoliquidación ha perjudicado de sus intereses legítimos podrá solicitar la rectificación de dicha autoliquidación de acuerdo con el procedimiento que se regule reglamentariamente.

> **RESOLUCIÓN ADMINISTRATIVA**
>
> **Consulta vinculante de la Dirección General de Tributos (V2361-24), de 14 de noviembre de 2024**
>
> **Asunto: rectificar autoliquidaciones respecto al IRPF.**
>
> *«Por último, de acuerdo con el artículo 120.3 de la Ley 58/2003, de 17 de diciembre, General Tributaria (BOE del día 18), si el consultante considera que existen autoliquidaciones del IRPF presentadas por el mismo en el ejercicios anteriores no prescritos, que han perjudicado sus intereses legítimos, como consecuencia de no haberse aplicado la deducción por familia numerosa regulada en la letra c) del apartado 1 del artículo 81 bis de la LIRPF, en caso de que legalmente cumpliera todos los requisitos exigidos para ello, podrá instar la rectificación de dichas autoliquidaciones.*
>
> *En cuanto al procedimiento para rectificar la autoliquidación de IRPF, el artículo 120, en sus apartados 3 y 4, de la Ley 58/2003, de 17 de diciembre, General Tributaria (...), establece:*
>
> *"3. Cuando un obligado tributario considere que una autoliquidación ha perjudicado de cualquier modo sus intereses legítimos, podrá instar la rectificación de dicha autoliquidación de acuerdo con el procedimiento que se regule reglamen-*

tariamente. No obstante, cuando lo establezca la normativa propia del tributo, la rectificación deberá ser realizada por el obligado tributario mediante la presentación de una autoliquidación rectificativa, conforme a lo dispuesto en el apartado 4 de este artículo.

(...)

A este respecto, la *disposición final cuarta del Real Decreto 117/2024, de 30 de enero, (...), establece:*

"1. Los contribuyentes deberán rectificar, completar o modificar las autoliquidaciones presentadas por este Impuesto mediante la presentación de una autoliquidación rectificativa, utilizando el modelo de declaración aprobado por la persona titular del Ministerio de Hacienda.

No obstante lo dispuesto en el párrafo anterior, cuando el motivo de la rectificación del obligado tributario sea exclusivamente la alegación razonada de una eventual vulneración por la norma aplicada en la autoliquidación previa de los preceptos de otra norma de rango superior legal, constitucional, de Derecho de la Unión Europea o de un Tratado o Convenio internacional se podrá instar la rectificación a través del procedimiento previsto en el artículo 120.3 de la Ley 58/2003, de 17 de diciembre, General Tributaria, y desarrollado en los artículos 126 a 128 del Reglamento General de las actuaciones y los procedimientos de gestión e inspección tributaria y de desarrollo de las normas comunes de los procedimientos de aplicación de los tributos, aprobado por Real Decreto 1065/2007, de 27 de julio. Si este motivo concurriese con otros de distinta naturaleza, por estos últimos el obligado tributario deberá presentar una autoliquidación rectificativa».

2.
MODIFICACIÓN DE AUTOLIQUIDACIONES DEL EJERCICIO 2023 Y ANTERIORES: EL ANTIGUO SISTEMA DUAL

El tradicional sistema dual previo a la autoliquidación rectificativa en el IRPF

Tal y como se recoge en el Manual de la Renta 2024 de la AEAT, el sistema dual de autoliquidación complementaria y solicitud de rectificación de autoliquidaciones seguirá siendo aplicable cuando se trate de modificaciones de declaraciones correspondientes a períodos impositivos anteriores a 2024.

2.1. La autoliquidación complementaria

La LGT en su artículo 122 señala que las autoliquidaciones complementarias tienen como finalidad completar o modificar las autoliquidaciones presentadas. Estas autoliquidaciones tradicionalmente podían presentarse cuando de ellas resultase un importe a ingresar superior al de la autoliquidación anterior o una cantidad a devolver o a compensar inferior a la anteriormente liquidada.

Es decir, cuando se trate de **modificar declaraciones del IRPF del ejercicio 2023 o anteriores,** la autoliquidación complementaria procederá cuando el contribuyente advierta errores u omisiones en los datos de la declaración del impuesto ya presentada, para poder rectificar los mismos, en caso de que dicho **error sea en perjuicio de la Hacienda pública.**

La autoliquidación complementaria se podrá presentar por los siguientes motivos:

– Errores u omisiones padecidos en declaraciones ya presentadas que hayan motivado la realización de un ingreso inferior al que legalmente hubiera correspondido o a la realización de una devolución superior a la procedente.

– Situaciones o circunstancias sobrevenidas que motiven la pérdida del derecho a una reducción o exención ya aplicada en una declaración anterior.

– Solicitar una devolución inferior a la autoliquidada en la declaración originaria, en el supuesto de que la devolución no haya sido efectuada por la Administración tributaria.

Las autoliquidaciones complementarias deberán realizarse en los impresos correspondientes al ejercicio que es objeto de regularización.

2.1.1. Supuestos

Supuestos concretos que recoge la normativa del IRPF

La LIRPF recoge una serie de supuestos específicos en los que se presentará la autoliquidación complementaria, cuando con posterioridad a la presentación de la declaración originaria se produzcan alguno de los siguientes supuestos:

– Percepción de atrasos de rendimientos de trabajo (artículo 14.2 de la LIRPF).

– Devolución de cantidades derivadas de las cláusulas de limitación de tipos de interés de préstamos —cláusulas suelo— que hubieran tenido la consideración de gasto deducible en ejercicios anteriores (disposición adicional cuadragésima quinta de la LIRPF).

– Pérdida de la condición de contribuyente por cambio de residencia (artículo 14.3 y 95 bis de la LIRPF y 121 del RIRPF).

– Cambios de residencia entre las comunidades autónomas cuyo objeto principal consista en lograr una menor tributación efectiva (artículo 72.2 y 3 de la LIRPF).

– Disposición de derechos consolidados por mutualistas, partícipes o asegurados (artículo 51.8 y disposición adicional undécima de la LIRPF y 50 del RIRPF).

– Disposición de bienes o derechos aportados al patrimonio protegido de personas con discapacidad (artículo 54.5.a) y b) de la LIRPF).

– Pérdida total o parcial del derecho a la exención por reinversión en vivienda habitual y en entidades de nueva o reciente creación (artículo 41.5 del RIRPF).

– Pérdida del derecho a la exención por reinversión en rentas vitalicias (artículo 42.5 del RIRPF).

– Pérdida de la exención de determinadas retribuciones en especie (artículo 43.2.3° del RIRPF).

– Pérdida de la exención de la indemnización percibida por despido o cese (artículo 73.1 del RIRPF).

– Recompra de elementos patrimoniales que hayan originado pérdidas computadas en la declaración (artículo 73.2 del RIRPF).

2.1.2. Presentación y efectos

Plazo de presentación y efectos

La autoliquidación recogerá la totalidad de los datos que deban ser declarados, incorporando, junto a los correctamente reflejados en la autoliquidación originaria, los de nueva inclusión o modificación. Una vez que se determine el resultado de la autoliquidación complementarias, se procederá a efectuar la correspondiente regularización. A tal efecto, se restará del resultado de la autoliquidación complementaria el importe que se ingresó en la autoliquidación originaria, si esta fue positiva, o bien se le sumará la devolución percibida, si resultó a devolver; el resultado que se obtenga es la cuota que el contribuyente deberá ingresar como consecuencia de la autoliquidación complementaria.

> **A TENER EN CUENTA**. El ingreso que deba realizarse como consecuencia de una autoliquidación complementaria nunca podrá fraccionarse en dos plazos.

Es necesario señalar que, con independencia de los supuestos específicos del IRPF a los que nos hemos referido, el artículo 27 de la LGT señala que los recargos por declaración extemporánea son prestaciones accesorias que deben satisfacer los obligados tributarios como consecuencia de la presentación de autoliquidaciones o declaraciones fuera de plazo sin requerimiento previo de la Administración tributaria.

Este recargo será:

– Porcentaje igual al 1 % más otro 1 % adicional por cada mes completo de retraso con que se presente respecto al término del plazo establecido para presentación e ingreso. Este recargo excluye las sanciones que hubieran podido exigirse y los intereses de demora devengados hasta la presentación de la autoliquidación o declaración.

– Si la presentación de la autoliquidación o declaración se efectúa una vez transcurridos 12 meses desde el término del plazo establecido para la presentación, el recargo será del 15 % y excluirá las sanciones que hubieran podido exigirse. En estos casos, se exigirán los intereses de demora por el período transcurrido desde el día siguiente al término de los 12 meses posteriores a la finalización del plazo establecido para la presentación hasta el momento en que la autoliquidación o declaración se haya presentado.

No se exigirá este recargo si el obligado tributario regulariza, mediante la presentación de una declaración o autoliquidación correspondiente a otros períodos del mismo concepto impositivo, unos hechos o circunstancias idénticos a los regularizados por la Administración y concurren las siguientes circunstancias:

– Que la declaración o autoliquidación se presente en el plazo de seis meses a contar desde el día siguiente a aquél en que la liquidación se notifique o se entienda notificada.

– Que se produzca el completo reconocimiento y pago de las cantidades resultantes de la declaración o autoliquidación en los términos previstos en el apartado 5 del artículo 27 de la LIRPF.

– Que no se presente solicitud de rectificación de la declaración o auto-liquidación, ni se interponga recurso o reclamación contra la liquida-ción dictada por la Administración.

– Que de la regularización efectuada por Administración no derive la imposición de una sanción.

2.2. El procedimiento de rectificación de autoliquidaciones

De acuerdo con el artículo 120.3 de la LGT cuando el obligado tributario considere que una autoliquidación ha perjudicado de cualquier modo sus intereses legítimos, podrá instar la rectificación de dicha autoliquidación.

Como se ha reiterado, si la rectificación afecta a una autoliquidación del IRPF del ejercicio 2024 o posterior, por regla general, tendrá que efectuarse mediante la presentación de una autoliquidación rectificativa (salvo en el su-puesto de que se alegue exclusivamente la eventual vulneración por la norma aplicada en la autoliquidación previa de los preceptos de otra norma de ran-go superior legal, caso en el que también podrá instarse la rectificación por el procedimiento que luego se verá). Sin embargo, cuando se trate de rectificar una autoliquidación del IRPF del período impositivo 2023 o anterior, nece-sariamente habrá que seguir el tradicional procedimiento de rectificación, regulado en los artículos 126 y siguientes del RGAT, que pasamos a analizar.

2.2.1. Supuestos

Se seguirá este procedimiento de rectificación cuando el contribuyente quiera modificar una autoliquidación del IRPF presentada porque resulta una **cantidad a devolver superior a la autoliquidada o un importe a ingresar infe-rior** al de la autoliquidación presentada, siempre que la **modificación se refiera a una autoliquidación del IRPF del ejercicio 2023 o anterior**. Esta situación puede darse porque hubiese declarado alguna renta exenta, computado im-portes en cuantía superior a la debida, olvidase deducir algún gasto fiscalmen-te admisible u omitiese alguna reducción o deducción a las que tenía derecho.

2.2.2. Sustanciación del procedimiento

Iniciación

La rectificación de la autoliquidación podrá solicitarse:

– Una vez presentada la correspondiente autoliquidación.

– Siempre que la Administración tributaria no haya practicado liquida-ción definitiva o liquidación provisional por el mismo motivo.

– Además, es necesario que no haya transcurrido el plazo de cuatro años al que se refiere el artículo 66 de la LGT que regula los plazos de prescripción.

El plazo de prescripción comenzará a contarse desde el día siguiente a aquel en que se realizó el ingreso indebido o desde el día siguiente a la finalización del plazo para presentar la autoliquidación si el ingreso indebido se realizó dentro de dicho plazo.

> **A TENER EN CUENTA.** El obligado tributario no podrá solicitar la rectificación de su autoliquidación cuando se esté tramitando un procedimiento de comprobación o investigación cuyo objeto incluya la obligación tributaria a la que se refiera la autoliquidación presentada, sin perjuicio de su derecho a realizar las alegaciones y presentar los documentos que considere oportunos en el procedimiento que se esté tramitando que deberán ser tenidos en cuenta por el órgano que lo tramite.

> **RESOLUCIÓN RELEVANTE**
>
> **Consulta vinculante de la Dirección General de Tributos (V2591-21), de 25 de octubre de 2021**
>
> **Asunto: prescripción del derecho a solicitar las devoluciones de ingresos indebidos**
>
> *«Así pues, la prescripción del derecho a solicitar las devoluciones de ingresos indebidos se regula, conjuntamente, con la prescripción del derecho a solicitar las devoluciones derivadas de la normativa de cada tributo y con la prescripción del derecho a solicitar el reembolso del coste de las garantías. Todos ellos dentro del caso c) del artículo 66 de la LGT.*
>
> *De modo que el primer párrafo del artículo 67.1 de la LGT, que se refiere al caso c) del artículo 66 del mismo cuerpo legal, en tres frases separadas por punto y coma, va refiriéndose sucesivamente al cómputo del plazo de prescripción del derecho a solicitar las devoluciones derivadas de la normativa de cada tributo en primer lugar; al cómputo del plazo de prescripción del derecho a solicitar las devoluciones de ingresos indebidos en segundo lugar; y al cómputo del plazo de prescripción del derecho a solicitar el reembolso del coste de las garantías cuando indica "desde el día siguiente a aquel en que adquiera firmeza la sentencia o resolución administrativa que declare total o parcialmente improcedente el acto impugnado"».*

Formas de presentar la solicitud de rectificación

La solicitud de rectificación de la autoliquidación del IRPF puede realizarse por el contribuyente de dos formas:

– Utilizando, de forma voluntaria, el modelo de declaración del IRPF aprobado por el Ministerio de Hacienda para el ejercicio. La presentación se deberá realizar a través de alguno de los siguientes medios electrónicos:

  • Presentación electrónica por internet a través del portal de la Agencia Tributaria o programas de presentación desarrollados por terceros. El contribuyente cumplimentará una nueva autoliquidación que comprenderá además de los correctamente reflejados en la autoliquidación originaria, los de nueva inclusión o modificación.

- Presentación electrónica a través del teléfono, mediante llamada telefónica exclusivamente para aquellos contribuyentes que cumplan los requisitos que consten en la Sede electrónica de la AEAT y, siempre que la autoliquidación a rectificar se haya realizado a través del servicio de tramitación del borrador/declaración.

– Mediante escrito dirigido a la Dependencia o Sección de Gestión de la Delegación o Administración de la Agencia Tributaria correspondiente a su domicilio habitual haciendo constar claramente los errores u omisiones padecidos y acompañando justificación suficiente de los mismos.

Tramitación del procedimiento

Durante la tramitación del expediente la Administración comprobará las circunstancias que determinan la procedencia de la rectificación. Para ello examinará la documentación presentada y contrastarla con los datos y antecedentes que obren en su poder.

Con este fin la Administración podrá realizar requerimientos:

– Al propio obligado en relación con la rectificación de su autoliquidación, incluidos los que se refieran a la justificación documental de operaciones financieras que tengan incidencia en la rectificación solicitada.

– A terceros para que aporten la información que se encuentren obligados a suministrar con carácter general o para que la ratifiquen mediante la presentación de los correspondientes justificantes.

También se podrán solicitar los informes que se consideren necesarios.

Una vez finalizadas las actuaciones se le notificará al interesado:

– Si la rectificación que se acuerde coincide con la solicitada por el interesado se le notificará sin más trámite la resolución.

– En caso de que no coincida se le notificará al interesado la propuesta de resolución para que, en el plazo de 15 días, contados a partir del día siguiente al de la notificación de la propuesta, alegue lo que convenga a su derecho.

Terminación del procedimiento

El procedimiento finalizará mediante resolución en la que se acordará o no la rectificación de la autoliquidación.

En caso de que se considere procedente la solicitud, el órgano competente de la Administración tributaria practicará liquidación provisional rectificando la declaración presentada y devolverá, la cantidad indebidamente ingresada más los intereses de demora correspondientes.

Especialidades en caso de solicitud de rectificación utilizando el modelo de declaración del IRPF

Para los contribuyentes que soliciten la rectificación de sus autoliquidaciones de IRPF presentadas utilizando el modelo de declaración se establecen las siguientes especialidades para el caso de que la Administración Tributaria, habiendo limitado sus actuaciones a contrastar la documentación presentada por el interesado con los datos y antecedentes que obren en poder de aquellas acuerde rectificar la autoliquidación en los términos solicitados por el contribuyente:

- El acuerdo de la Administración no impedirá la posterior comprobación del objeto del procedimiento.

- Si el acuerdo diese lugar exclusivamente a una devolución derivada de la normativa del tributo y no procediese el abono de intereses de demora se entenderá notificado dicho acuerdo por la recepción de la transferencia bancaria, sin necesidad de que la Administración tributaria efectúe una liquidación provisional.

3.
ESTUDIO DE CIERTOS SUPUESTOS ESPECÍFICOS EN LOS QUE LA AUTOLIQUIDACIÓN RECTIFICATIVA SUSTITUYE A LAS COMPLEMENTARIAS PARA EL EJERCICIO 2024 Y SIGUIENTES

Supuestos específicos en los que procede la autoliquidación rectificativa a partir del 2024

A raíz de las modificaciones introducidas por la Ley 13/2023, de 24 de mayo, y por el Real Decreto 117/2024, de 30 de enero, se implantó un sistema único para la corrección de las autoliquidaciones a través de la autoliquidación rectificativa, que se empleará a partir del 2024. Con la presentación de esta nueva figura el obligado tributario podrá rectificar, completar o modificar la autoliquidación presentada con anterioridad independientemente del resultado de la misma.

Así, en aquellos casos en los que se presente una autoliquidación rectificativa cuyo resultado sea una cantidad a ingresar superior o a devolver inferior a la de la autoliquidación inicial, deberá indicarse el motivo concreto de corrección.

Dicho motivo podrá ser alguno de los siguientes:

- Cobro de rendimientos de trabajo atrasados.
- Pérdida de la condición de contribuyente por cambio de residencia.
- Cambios de residencia entre comunidades autónomas con el objetivo principal de conseguir una tributación menor.
- Disposición de derechos consolidados por mutualistas, partícipes o asegurados.

- Disposición de bienes o derechos aportados al patrimonio protegido de personas con discapacidad
- Pérdida total o parcial del derecho a la exención por reinversión en vivienda habitual y en entidades de nueva o reciente creación.
- Pérdida del derecho a la exención por reinversión en rentas vitalicias.
- Pérdida de la exención de determinadas retribuciones en especie.
- Pérdida de la exención de la indemnización por despido o cese.
- Recompra de elementos patrimoniales que hayan originado pérdidas computadas en la declaración.
- Devolución de cantidades derivadas de las cláusulas suelo que hubiesen tenido la consideración de gasto deducible en ejercicios anteriores.

3.1. Cobro de atrasos de rendimientos de trabajo

El cobro de atrasos de rendimientos del trabajo

El artículo 14.2.b) de la LIRPF dispone «*Cuando por circunstancias justificadas no imputables al contribuyente, los rendimientos derivados del trabajo se perciban en períodos impositivos distintos a aquéllos en que fueron exigibles, se imputarán a éstos, practicándose, en su caso, autoliquidación complementaria, sin sanción ni intereses de demora ni recargo alguno. Cuando concurran las circunstancias previstas en el párrafo a) anterior, los rendimientos se considerarán exigibles en el período impositivo en que la resolución judicial adquiera firmeza*».

Es decir, cuando la autoliquidación rectificativa derive de rendimientos de trabajo percibidos en períodos impositivos distintos a aquellos en los que fueron exigibles, y la causa no sea imputable al contribuyente, se indicará que es este el motivo de la corrección.

En estos casos habrá que **imputar los atrasos a los períodos impositivos en los que fueron exigibles**, debiendo realizarse la correspondiente **autoliquidación rectificativa relativa al 2024** cuando corresponda.

A TENER EN CUENTA. Es importante advertir que **cuando se trate de atrasos derivados de periodos impositivos anteriores al 2024** deberá emplearse el sistema anterior, es decir, la **presentación de una autoliquidación complementaria del ejercicio** con el que se correspondan los atrasos.

El plazo de presentación de la autoliquidación será el que medie entre la fecha en que se perciban y el final del inmediato siguiente plazo de declaraciones de IRPF. Así, **en función de la fecha de recepción de los atrasos podemos diferenciar las siguientes situaciones,** tomando como base el criterio establecido por la DGT [consulta vinculante (V1968-12), de 15 de octubre de 2012] y lo previsto en el Manual de la Renta 2024 elaborado por la AEAT:

– Casos en los que los **atrasos se reciban entre el 1 de enero de 2025 y el 1 de abril de 2025:** cuando los atrasos se perciben antes de que comience el plazo para presentar la declaración de IRPF hay que distinguir dos supuestos:

  • Si los **atrasos** corresponden a **ejercicios anteriores a 2024:** la **autoliquidación complementaria** del ejercicio al que corresponden deberá presentarse en dicho año antes de finalizar el plazo de presentación, es decir, hasta el 30 de junio de 2025.

  • Si los **atrasos** corresponden al **ejercicio 2024:** ya deberán **incluirse en la propia autoliquidación del ejercicio 2024.**

– Casos en los que los **atrasos se reciban entre el 2 de abril y el 30 de junio de 2025:** cuando los atrasos se perciben durante el plazo de presentación de las declaraciones de IRPF correspondientes a 2024 se diferencian dos posibilidades:

  • Si se trata de **atrasos de un ejercicio anterior al 2024:** la autoliquidación **complementaria** se presentará en el plazo existente entre que se reciben los atrasos y finaliza el plazo para la declaración del ejercicio de 2025.

  • Si se trata de **atrasos que se corresponden con el propio ejercicio 2024:** el contribuyente tendrá dos opciones:

    » **Incluirlos en propia autoliquidación** de dicho ejercicio 2024.

    » Incluirlos en una **autoliquidación rectificativa correspondiente al 2024.** En este caso tendrá de plazo hasta el final del plazo para presentar la declaración del ejercicio 2025.

– Casos en los que los **atrasos se reciban después del ejercicio 2024:** cuando los atrasos **se reciban después del plazo habilitado para presentar la declaración del 2024** —30 de junio de 2025—, la **rectificativa correspondiente a atrasos del 2024** se presentará en el **plazo que medie entre la recepción de los atrasos** y el **final del plazo de presentación de la declaración del ejercicio 2025.**

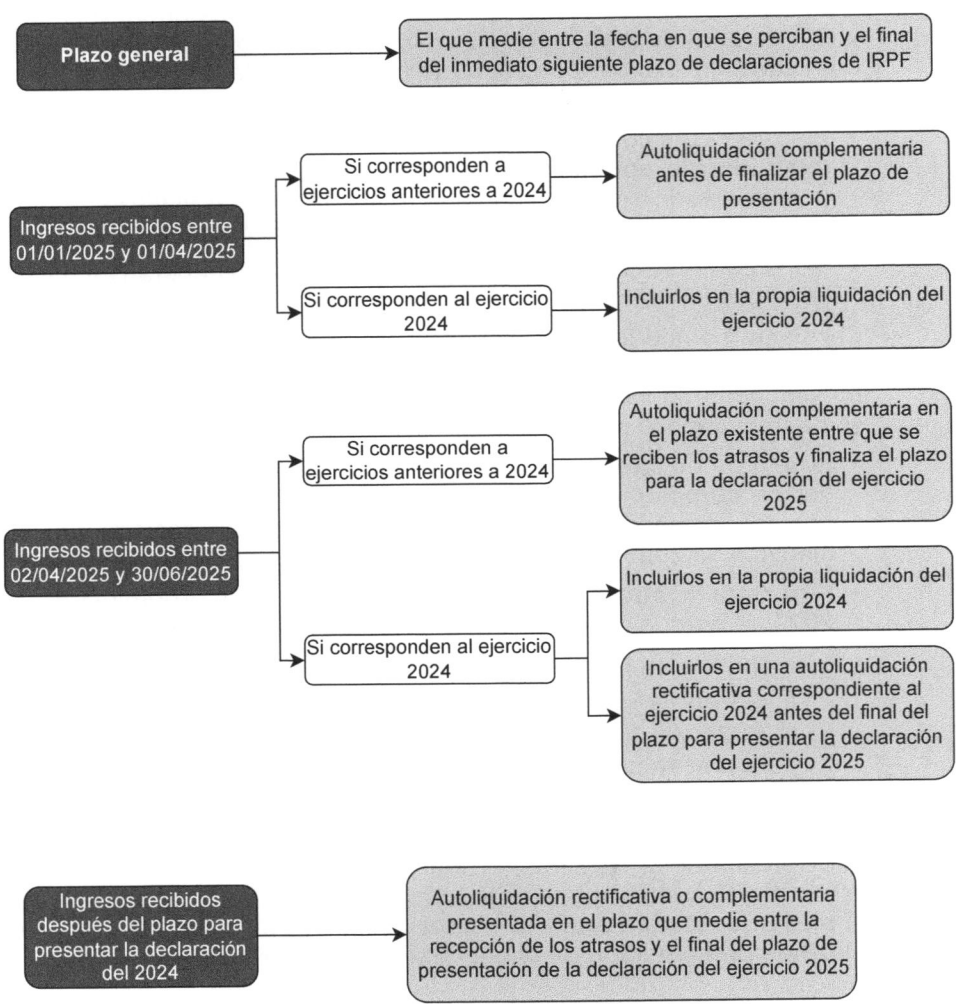

PLAZOS PARA LAS AUTOLIQUIDACIONES RECTIFICATIVAS POR ATRASOS DE RENDIMIENTOS DE TRABAJO

Plazo general → El que medie entre la fecha en que se perciban y el final del inmediato siguiente plazo de declaraciones de IRPF

Ingresos recibidos entre 01/01/2025 y 01/04/2025
- Si corresponden a ejercicios anteriores a 2024 → Autoliquidación complementaria antes de finalizar el plazo de presentación
- Si corresponden al ejercicio 2024 → Incluirlos en la propia liquidación del ejercicio 2024

Ingresos recibidos entre 02/04/2025 y 30/06/2025
- Si corresponden a ejercicios anteriores a 2024 → Autoliquidación complementaria en el plazo existente entre que se reciben los atrasos y finaliza el plazo para la declaración del ejercicio 2025
- Si corresponden al ejercicio 2024 → Incluirlos en la propia liquidación del ejercicio 2024 / Incluirlos en una autoliquidación rectificativa correspondiente al ejercicio 2024 antes del final del plazo para presentar la declaración del ejercicio 2025

Ingresos recibidos después del plazo para presentar la declaración del 2024 → Autoliquidación rectificativa o complementaria presentada en el plazo que medie entre la recepción de los atrasos y el final del plazo de presentación de la declaración del ejercicio 2025

CUESTIÓN

1. Tras una revisión de oficio por el INSS se reconoce el complemento de maternidad a un contribuyente y se le liquidan los atrasos que se retrotraen a la fecha de efectos económicos de la pensión que se complementa. ¿Cómo deben tributar estos atrasos?

Partiendo de la calificación de este complemento y sus atrasos como rendimiento de trabajo [artículo 17.2.a) de la LIRPF], habría que aplicar lo dispuesto en el artículo 14.2.b) de la LIRPF. Así se recoge, por ejemplo, en la **consulta vinculante** de la **Dirección General de Tributos (V2272-24), de 23 de octubre de 2024**, en la que podemos leer: «*A su vez, en lo que respecta al complemento correspondiente a los años anteriores a 2024, al percibirse los rendimientos en un período impositivo posterior a los de su exigibilidad, resultará operativa la regla especial de imputación recogida en el artículo 14.2.b) antes transcrita, es decir: imputación a los períodos de exigibilidad con la práctica (en su caso) de autoliquidaciones complementarias de esos períodos en los términos de ese artículo: "La autoliquidación se presentará en el plazo que media entre la fecha en que se perciban y el final del inmediato siguiente plazo de declaraciones por el impuesto"*».

2. Si en vez de por revisión de oficio, el complemento de maternidad y sus atrasos se produce tras un reconocimiento por sentencia judicial, ¿cuál es el tratamiento fiscal?

Tal y como indica la **consulta vinculante de la Dirección General de Tributos V0973-24, de 10 de mayo de 2024**, en estos casos los atrasos se imputarán al período impositivo en el que la resolución judicial adquiera firmeza:

«*Cuestión distinta se produce en el supuesto en que el reconocimiento del complemento de maternidad se produzca por una sentencia judicial por haber sido denegado previamente en vía administrativa. En tal circunstancia, tal denegación y su posterior estimación en vía judicial hace operativa la aplicación de la regla especial de imputación temporal recogida en la letra a) del artículo 14.2 de la Ley del Impuesto, a saber:*

"Cuando no se hubiera satisfecho la totalidad o parte de una renta, por encontrarse pendiente de resolución judicial la determinación del derecho a su percepción o su cuantía, los importes no satisfechos se imputarán al período impositivo en que aquélla adquiera firmeza".

La aplicación de este precepto lleva a concluir que en tal circunstancia —reconocimiento del complemento de maternidad por resolución judicial— procederá imputar al período impositivo en el que esta adquiera firmeza el importe de los atrasos del citado complemento».

RESOLUCIÓN ADMINISTRATIVA

Consulta vinculante de la Dirección General de Tributos (V1310-24), de 4 de junio de 2024

Asunto: la prescripción en el caso de atrasos

«*Por tanto, de no darse la circunstancia de depender el derecho a la percepción de rendimientos de una sentencia judicial (en cuyo caso se imputarían al período impositivo de adquisión de firmeza de la sentencia), la imputación temporal vendrá determinada por el momento en que sean exigibles por su perceptor, es decir, que se produzca el vencimiento del pago de retribuciones que permita al empleado su exigibilidad al empleador, siendo el período impositivo en el que se produzca esa exigibilidad cuando proceda su imputación, circunstancia que, en su caso, puede venir determinada por una resolución administrativa que pudiera establecer esa exigibilidad en los términos expuestos.*

Adicionalmente, cabe señalar que si la extensión temporal de los atrasos del complemento retributivo se correspondiera con un período que abarcase más de dos años y procediese su imputación en un único período impositivo les resultaría aplicable la reducción del 30 por 100 que el artículo 18.2 de la Ley del Impuesto establece —siempre que se cumpla lo en él dispuesto— para los rendimientos íntegros del trabajo que tengan un período de generación superior a dos años cuando se imputen en un único período impositivo:

> *"El 30 por ciento de reducción, en el caso de rendimientos íntegros distintos de los previstos en el artículo 17.2. a) de esta Ley que tengan un período de generación superior a dos años, así como aquellos que se califiquen reglamentariamente como obtenidos de forma notoriamente irregular en el tiempo, cuando, en ambos casos, sin perjuicio de lo dispuesto en el párrafo siguiente, se imputen en un único período impositivo.*
>
> *(…)*
>
> *No obstante, esta reducción no resultará de aplicación a los rendimientos que tengan un período de generación superior a dos años cuando, en el plazo de los cinco períodos impositivos anteriores a aquél en el que resulten exigibles, el contribuyente hubiera obtenido otros rendimientos con período de generación superior a dos años, a los que hubiera aplicado la reducción prevista en este apartado.*
>
> *La cuantía del rendimiento íntegro a que se refiere este apartado sobre la que se aplicará la citada reducción no podrá superar el importe de 300.000 euros anuales.*
>
> *(…)".*
>
> *En cuanto a la posible aplicación de la prescripción respecto a alguno de los años a los que corresponden los atrasos, procede contestar negativamente, pues las reglas de imputación temporal aplicables y antes expuestas descartan tal posibilidad al no haber transcurrido el plazo de cuatro años determinante de la prescripción».*

‖ Supuesto especial de las rentas de trabajo judicializadas

Cuando nos encontramos ante rentas judicializadas hay que atender a lo dispuesto en el artículo 14.2.a) de la LIRPF que establece que en aquellos casos en los que la totalidad o parte de una renta, no se hubiese satisfecho por encontrarse pendiente de resolución judicial la determinación del derecho a su percepción o su cuantía, los importes satisfechos se imputarán al **periodo impositivo en el que la resolución judicial adquiera firmeza**.

En estos casos de rendimientos de trabajo judicializados ocurre frecuentemente que el pago se produce en un período distinto al de la firmeza de la resolución por causa no imputable al contribuyente, y por tanto deben combinarse las letras a) y b) del artículo 14.2 de la LIRPF. **Los rendimientos pendientes de resolución judicial en los términos antes indicados se considerarán exigibles en el período impositivo en el que la resolución judicial adquiera firmeza y, si por circunstancias justificadas no imputables al contribuyente, se perciben en períodos impositivos distintos de aquel en el que fueron exigibles, se imputarán a este**, practicándose, en su caso, autoliquidación rectificativa (ejercicio 2024 o siguientes) o complementaria (ejercicios anteriores a 2024), sin sanción ni intereses de demora ni recargo alguno.

> **JURISPRUDENCIA**
>
> **Sentencia del Tribunal Supremo n.º 302/2021, de 4 de marzo, ECLI:ES:TS:2021:1194**
>
> **Asunto: consecuencias de los apartados 1 y 2.a) y b) del artículo 14 de la LIRPF**
>
> *«1. Es evidente que cuando la primera de aquellas reglas afirma que los rendimientos se imputarán al período "en que sean exigibles por su perceptor" solo puede referirse al momento en el que el acreedor de la renta puede reclamar su cumpli-*

miento por no estar la obligación (de la que el ingreso deriva) sujeta a condición, término o modo. Quiere ello decir, por tanto, que la ley no ha previsto, como criterio de imputación temporal, el del pago o el de la percepción efectiva del rendimiento de que se trate, pues, de ser así, no habría hecho referencia alguna a la posibilidad de exigir el ingreso, sino que se hubiera limitado a mencionar la "percepción" o el "pago" del rendimiento mismo. Es más, el propio artículo 14.2.b) de la ley del impuesto, como vimos, distingue expresamente entre "percepción" y "exigibilidad".

2. Consciente el legislador de que la indicada redacción del artículo 14.1.a) de la ley del impuesto puede determinar que no coincidan en el mismo período impositivo la "posibilidad de reclamar el abono del rendimiento" con su "efectiva percepción" por el interesado —que puede producirse en un ejercicio posterior-, aclara inmediatamente, en el artículo 14.2.b), que, cuando ello suceda, el contribuyente deberá practicar autoliquidación complementaria, imputando el rendimiento al período en el que era exigible (no a aquél en el que lo percibió) con una condición: que el abono se haya producido en período posterior "por circunstancias justificadas no imputables al contribuyente".

3. Esta última regla (que obliga a una autoliquidación complementaria) tiene, sin embargo, una (única) excepción, que se produce cuando no se ha satisfecho la renta por estar pendiente de resolución judicial la determinación del derecho a su percepción o su cuantía, pues en tal caso —previsto en el artículo 14.2.a)—, la imputación será al período impositivo en el que adquiera firmeza aquella resolución judicial.

4. La necesidad de practicar autoliquidación complementaria en los casos en los que exigibilidad y percepción se producen en períodos distintos solo cuenta con la excepción descrita (la de los créditos litigiosos), sin que la ley establezca distinción alguna, a los efectos que nos ocupan, en atención a la naturaleza jurídica de la renta o a la condición de la persona que la satisface. Dicho de otro modo, la norma que analizamos se refiere a " los rendimientos derivados del trabajo", entre los que se incluyen " en todo caso" las pensiones y haberes pasivos (artículo 17.2 de la ley del impuesto) de manera que, a nuestro juicio, de haber querido que esta clase específica de renta tuviera un criterio de imputación temporal distinto la ley debería haberlo dicho expresamente, pues es esa misma ley la que califica a las prestaciones que nos ocupan como rendimientos del trabajo"».

RESOLUCIÓN ADMINISTRATIVA

Consulta vinculante de la Dirección General de Tributos (V3238-23), de 13 de diciembre de 2023

Asunto: imputación temporal de atrasos de rendimientos de trabajo reconocidos por sentencia

«Como regla general, los rendimientos del trabajo se imputan al período impositivo en que son exigibles por el perceptor. Ahora bien, junto con esta regla general, recogida en el artículo 14.1 de la Ley del Impuesto —Ley 35/2006, de 28 de noviembre, del Impuesto sobre la Renta de las Personas Físicas y de modificación parcial de las leyes de los Impuestos sobre Sociedades, sobre la Renta de no Residentes y sobre el Patrimonio—, el apartado 2 de este mismo artículo establece unas reglas especiales de imputación temporal, reglas de las que procede mencionar aquí las recogidas en sus letras a) y b), donde respectivamente se establece lo siguiente:

- "a) Cuando no se hubiera satisfecho la totalidad o parte de una renta, por encontrarse pendiente de resolución judicial la determinación del derecho a su percepción o su cuantía, los importes no satisfechos se imputarán al período impositivo en que aquélla adquiera firmeza".

> - *"b) Cuando por circunstancias justificadas no imputables al contribuyente, los rendimientos derivados del trabajo se perciban en períodos impositivos distintos a aquéllos en que fueron exigibles, se imputarán a éstos, practicándose, en su caso, autoliquidación complementaria, sin sanción ni intereses de demora ni recargo alguno. Cuando concurran las circunstancias previstas en el párrafo a) anterior, los rendimientos se considerarán exigibles en el período impositivo en que la resolución judicial adquiera firmeza.*
>
> *La autoliquidación se presentará en el plazo que media entre la fecha en que se perciban y el final del inmediato siguiente plazo de declaraciones por el impuesto".*
>
> *Por tanto, la imputación temporal de los rendimientos de trabajo vendrá determinada por la aplicación de dichas reglas, es decir: exigibilidad por el perceptor, exigibilidad que en el supuesto de la letra b) se corresponde con la firmeza de la sentencia.*
>
> *Conforme con lo expuesto, en el presente caso, al tratarse de unos rendimientos del trabajo que se abonan por la empresa en 2023, correspondiéndose con atrasos de 2022 resultantes de resoluciones judiciales que adquirieron firmeza en ese mismo año, su imputación temporal procederá realizarla al período impositivo 2022».*

A TENER EN CUENTA. Si bien las sentencias y resoluciones mencionadas en este tema se refieren a periodos impositivos anteriores a 2024, en los que aún no se encontraba vigente la nueva figura de la autoliquidación rectificativa introducida por la Ley 13/2023, de 24 de mayo, lo expuesto en las mismas sigue siendo de aplicación entendiendo que, a partir del ejercicio de 2024, en vez de autoliquidación complementaria será autoliquidación rectificativa.

3.2. Pérdida de la condición de contribuyente debida a un cambio de residencia

La pérdida de la condición de contribuyente por cambio de residencia

La LIRPF regula un supuesto que puede dar lugar a una autoliquidación rectificativa y que consiste en la pérdida de la condición de contribuyente por cambio de residencia (apartado 3 del artículo 14 de la LIRPF).

A TENER EN CUENTA. Si la pérdida de la condición de contribuyente se produce en el ejercicio del 2024, la regularización afecta al último ejercicio en el que el contribuyente tuvo dicha condición, es decir, a 2023, lo que conlleva que en lugar de rectificativa corresponda presentar una autoliquidación complementaria.

La LIRPF establece que en estos casos en los que el contribuyente pierda esta condición por un cambio de residencia, todas las rentas pendientes de imputación deberán integrarse en la base imponible correspondiente al último período impositivo que deba declararse por el mentado impuesto.

El artículo 14.3 de la LIRPF dispone que en estos casos corresponderá presentar una autoliquidación complementaria, si bien esta mención deberá entenderse realizada a la autoliquidación rectificativa cuando la pérdida de la condición de contribuyente se produzca en 2025, y la autoliquidación rectificativa correspondiera a 2024.

En virtud de lo recogido en el artículo 63 del RIRPF, cuando el contribuyente pierda su condición debido a un cambio de residencia, todas las rentas pendientes de imputación deberán integrarse en la base imponible correspondiente al último período que deba declararse por IRPF, debiendo practicarse, en su caso, una autoliquidación rectificativa (o complementaria cuando estemos ante períodos anteriores a 2023), en el plazo de **tres meses desde que el contribuyente perdió su condición** por cambio de residencia.

> **CUESTIÓN**
>
> **¿Esta autoliquidación conlleva la imposición de alguna sanción o intereses?**
>
> No, tanto la propia LIRPF, como el RIRPF, recogen que no conlleva ni sanción, ni intereses de demora, ni recargo alguno.

‖ El cambio de residencia a otro Estado miembro de la UE

En el caso de que el traslado de residencia se produzca a otro Estado miembro de la Unión Europea el contribuyente tendrá distintas opciones:

– Podrá imputar las rentas pendientes conforme a lo establecido en el apartado anterior.

– Podrá presentar a medida en que se vayan obteniendo cada una de las rentas pendientes de imputación una autoliquidación rectificativa (o complementaria en el caso de ser anterior a 2024), correspondiente al último período que deba declararse IRPF. No corresponderá imponer sanción alguna, ni intereses de demora o recargo alguno.

La autoliquidación deberá presentarse en el plazo de declaración del período impositivo en el que hubiera correspondido imputar dichas rentas en caso de no haberse producido la pérdida de la condición de contribuyente.

‖ La imputación de las ganancias patrimoniales por cambio de residencia del artículo 95 bis de la LIRPF

Otro supuesto de regularización por imputación de ganancias patrimoniales por cambio de residencia se da en aquellos casos en los que se reúnen las condiciones del artículo 95 bis de la LIRPF. Así, las ganancias patrimoniales referidas en el mencionado artículo 95 bis, se integrarán en la base imponible correspondiente al último período que deba declarare por IRPF, realizándose autoliquidación rectificativa (o complementaria cuando se trate de declaraciones de períodos anteriores a 2024), en el plazo correspondiente al primer ejercicio en el que el contribuyente no tuviese dicha condición.

Comienza el artículo 95 bis de la LIRPF afirmando que cuando el contribuyente pierda su condición por cambio de residencia, se considerarán ganancias patrimoniales las diferencias positivas entre el valor de mercado de las acciones o participaciones cuya titularidad corresponda al contribuyente, y su valor de adquisición. Para ello se exige que el contribuyente haya tenido tal condición durante al menos 10 de los 15 períodos impositivos anteriores al último período impositivo que deba declararse por IRPF, y se de alguna de las siguientes circunstancias:

- Que el valor de mercado exceda conjuntamente de 4.000.000 de euros.
- Que cuando no sea superior a 4.000.000 de euros, en la fecha de devengo del último período impositivo que deba declararse por este impuesto, el porcentaje de participación en la entidad sea superior al 25 %, siempre que el valor de mercado de las acciones o participaciones en la citada entidad exceda de 1.000.000 de euros.

Por su parte, el mentado artículo añade que las ganancias patrimoniales formarán parte de la renta del ahorro, y se imputarán al último período impositivo que deba declararse por IRPF, llevándose a cabo autoliquidación rectificativa —o complementaria en el caso de períodos anteriores a 2024—, sin que proceda imponer sanciones, intereses de demora o recargos.

> **A TENER EN CUENTA**. Si el cambio de residencia se produce a consecuencia de un desplazamiento temporal por motivos laborales a un país o territorio que no tenga la consideración de paraíso fiscal, o por cualquier otro motivo siempre que el desplazamiento temporal se produzca de un país o territorio que tenga suscrito con España un convenio para evitar la doble imposición internacional que contenga cláusula de intercambio de información, previa solicitud del contribuyente, se aplazará por la Administración tributaria el pago de la deuda tributaria que corresponda a las ganancias patrimoniales, en los términos de la Ley General Tributaria.

Hay que destacar que cuando el obligado tributario adquiere de nuevo la condición de contribuyente sin haber transmitido la titularidad de las acciones o participaciones, podrá solicitar la rectificación de la autoliquidación al objeto de obtener la devolución de las cantidades ingresadas correspondientes a las ganancias patrimoniales. Esta devolución se regirá por lo dispuesto en el artículo 31 de la LGT con una salvedad: los intereses de demora se devengarán desde la fecha en la que se hubiera realizado el ingreso hasta la fecha en la que se ordene el pago de la devolución. La solicitud de rectificación se podrá presentar desde la finalización del plazo de declaración correspondiente al primer período impositivo que deba declararse por este impuesto.

La LIRPF recoge unas especialidades para aquellos casos en los que el cambio de residencia se produce a otro Estado miembro de la Unión Europea, o del Espacio Económico Europeo con el que existe un efectivo intercambio de información tributaria, consistente en que la ganancia patrimonial únicamente deberá ser objeto de autoliquidación cuando en el plazo de los 10 ejercicios siguientes al último en el que deba declararse por IRPF, se produzca alguna de las siguientes circunstancias:

– Que las acciones o participaciones se transmitan inter vivos.

– Que el contribuyente pierda la condición de residente en un Estado miembro de la UE o del EEE.

– Que se incumpla la obligación de comunicación a la Administración tributaria la siguiente información:

  • La opción por la aplicación de las mentadas especialidades.

  • La ganancia patrimonial puesta de manifiesto.

  • El Estado al que traslade su residencia, especificando el domicilio y sus posibles variaciones.

  • El mantenimiento de la titularidad de la acciones o participaciones.

La autoliquidación se presentará en el plazo que medie entre la fecha en que se produzca alguna de las 3 circunstancias mencionadas, y el final del inmediato siguiente plazo de declaraciones por el impuesto.

Por su parte, el artículo 121 del RIRPF recoge que estas ganancias patrimoniales referidas en el artículo 95 bis de la LIRPF deberán integrarse en la base imponible correspondiente al último período que deba declararse por IRPF practicándose autoliquidación rectificativa, o complementaria si es anterior a 2024, sin sanción, ni intereses de demora ni recargo alguno, en el plazo de declaración del IRPF correspondiente al primer ejercicio en que el contribuyente no tuviera tal condición como consecuencia del cambio de residencia.

CUESTIONES

1. ¿Cómo se calcula la ganancia patrimonial en estos casos?

El modo de calcular la ganancia patrimonial se regula en el apartado tercero del artículo 95 bis de la LIRPF en los siguientes términos:

«Para el cómputo de la ganancia patrimonial se tomará el valor de mercado de las acciones o participaciones en la fecha de devengo del último período impositivo que deba declararse por este impuesto, determinado de acuerdo con las siguientes reglas:

a) Los valores admitidos a negociación en alguno de los mercados regulados de valores definidos en la Directiva 2004/39/CE del Parlamento Europeo y del Consejo, de 21 de abril de 2004, relativa a los mercados de instrumentos financieros, y representativos de la participación en fondos propios de sociedades o entidades, se valorarán por su cotización.

b) Los valores no admitidos a negociación en alguno de los mercados regulados de valores definidos en la Directiva 2004/39/CE del Parlamento Europeo y del Consejo, de 21 de abril de 2004, relativa a los mercados de instrumentos financieros, y representativos de la participación en fondos propios de sociedades o entidades, se valorarán, salvo prueba de un valor de mercado distinto, por el mayor de los dos siguientes:

El patrimonio neto que corresponda a los valores resultante del balance correspondiente al último ejercicio cerrado con anterioridad a la fecha del devengo del Impuesto.

El que resulte de capitalizar al tipo del 20 por ciento el promedio de los resultados de los tres ejercicios sociales cerrados con anterioridad a la fecha del devengo del Impuesto. A este último efecto, se computarán como beneficios los dividendos distribuidos y las asignaciones a reservas, excluidas las de regularización o de actualización de balances.

c) Las acciones o participaciones representativas del capital o patrimonio de las instituciones de inversión colectiva, se valorarán por el valor liquidativo aplicable en la fecha de devengo del último período impositivo que deba declararse por este impuesto o, en su defecto, por el último valor liquidativo publicado. Cuando no existiera valor liquidativo se tomará el valor del patrimonio neto que corresponda a las acciones o participaciones resultante del balance correspondiente al último ejercicio cerrado con anterioridad a la citada fecha de devengo, salvo prueba de un valor de mercado distinto».

2. Lo dispuesto en el apartado 6 del artículo 95 bis de la LIRPF, ¿resulta a aplicable cuando el cambio de residencia fue a Suiza?

Si, y así lo afirma, por ejemplo, la **consulta vinculante de la Dirección General de Tributos (V1781-22), de 27 de julio de 2022**, en la que tras mencionar el Acuerdo sobre la Libre Circulación de Personas entre la Comunidad Europea y sus Estados miembros, por una parte, y la Confederación Suiza, por otra, hecho en Luxemburgo el 21 de junio de 1999 concluye que: «(...) *el apartado 6 del artículo 95 bis de la LIRPF debe entenderse igualmente aplicable al supuesto de traslado de su residencia a Suiza».*

La pérdida de la condición de residente del socio que aplicó el régimen de diferimiento fiscal cuando traslade su residencia a otro Estado miembro de la UE o del EEE

Cuando la pérdida de la condición de residente es la del socio que aplicó el régimen de diferimiento fiscal en operaciones de escisión, fusión o absorción y canje de valores que ha trasladado su residencia a un Estado miembro de la Unión Europea, o del Espacio Económico Europeo se estará, no solo a lo establecido en el artículo 14.3 de la LIRPF, sino también a lo dispuesto en los artículos 80.4 y 81.3 de la LIS.

El artículo 80.4 de la LIS, en relación con los supuestos de canje de valores, recoge en su primer párrafo que: «*En el caso de que el socio pierda la cualidad de residente en territorio español, se integrará en la base imponible del Impuesto sobre la Renta de las Personas Físicas o de este Impuesto del último período impositivo que deba declararse por estos impuestos, la diferencia entre el valor de mercado de las acciones o participaciones y el valor a que se refiere el apartado anterior, salvo que las acciones o participaciones queden afectos a un establecimiento permanente situado en territorio español*».

En términos muy similares el artículo 81.3 de la LIS regula el supuesto de la pérdida de la condición de residente para los casos de que las ganancias patrimoniales deriven de operaciones de fusiones y escisiones.

El contribuyente podrá solicitar el aplazamiento del pago de la deuda tributaria resultante hasta la fecha de la transmisión a terceros de las acciones o participaciones afectadas.

En el caso de que el contribuyente adquiriese de nuevo la condición de contribuyente sin haber transmitido la titularidad de las acciones o participaciones, podrá solicitar la rectificación de la autoliquidación para obtener la devolución de las cantidades ingresadas correspondientes a las ganancias patrimoniales. Esta solicitud de rectificación podrá presentarse a partir de la finalización del plazo de declaración correspondiente al primer período impositivo en que deba presentarse una autoliquidación del IRPF.

El fraccionamiento de la deuda en los casos de pérdida de la residencia

El artículo 63 del RIRPF, en sus apartados tercero y cuarto regula la posibilidad de fraccionar la parte de la deuda tributaria correspondiente a dichas rentas, calculada aplicando el tipo regulado en el artículo 80.2 de la LIRPF, que a su vez dispone «(...) *el tipo medio efectivo de gravamen será el resultado de multiplicar por 100 el cociente obtenido de dividir la cuota líquida total por la base liquidable. A tal fin, se deberá diferenciar el tipo de gravamen que corresponda a las rentas generales y del ahorro, según proceda. El tipo de gravamen se expresará con dos decimales*».

El fraccionamiento se regirá por lo previsto en el Reglamento General de Recaudación, con 3 especialidades:

– Las solicitudes deberán formularse dentro del plazo reglamentario de declaración.

– El solicitante deberá ofrecer garantía en forma de aval solidario de entidad de crédito o sociedad de garantía recíproca o certificado de seguro de caución.

– Si se concede el fraccionamiento solicitado, la cuantía y el plazo de cada fracción se concederá en función de los períodos impositivos a los que correspondería imputar dichas rentas en caso de que la pérdida de la condición de contribuyente no se hubiera producido, con el límite de 4 años. La parte correspondiente a períodos que superen dicho límite se imputará por partes iguales durante el período de fraccionamiento.

3.3. Cambio de residencia entre CC. AA. con el objetivo principal de conseguir una menor tributación efectiva

Autoliquidaciones rectificativas por cambio de residencia entre CC. AA. con la finalidad de obtener una menor tributación

Otro de los supuestos que dan lugar a la autoliquidación rectificativa es el cambio de residencia entre comunidades autónomas cuando el objetivo principal es conseguir una menor tributación efectiva.

El artículo 72.2 de la LIRPF dispone lo siguiente:

«Las personas físicas residentes en el territorio de una Comunidad Autónoma, que pasasen a tener su residencia habitual en el de otra, cumplirán sus obligaciones tributarias de acuerdo con la nueva residencia, cuando ésta actúe como punto de conexión.

Además, cuando en virtud de lo previsto en el apartado 3 siguiente deba considerarse que no ha existido cambio de residencia, las personas físicas deberán presentar las autoliquidaciones complementarias que correspondan, con inclusión de los intereses de demora.

El plazo de presentación de las autoliquidaciones complementarias terminará el mismo día que concluya el plazo de presentación de las declaraciones por el Impuesto sobre la Renta de las Personas Físicas correspondientes al año en que concurran las circunstancias que, según lo previsto en el apartado 3 siguiente, determinen que deba considerarse que no ha existido cambio de residencia».

A TENER EN CUENTA. A pesar de que el artículo hace referencia a autoliquidaciones complementarias hay que entender que tras la reforma del artículo 67 bis de la LIRPF llevada a cabo por el Real Decreto 117/2024, de 30 de enero, debe entenderse hecha a autoliquidaciones rectificativas a partir del ejercicio de 2024.

En virtud de lo establecido en este artículo cuando el cambio de residencia se realice con la finalidad de lograr una menor tributación en el IRPF, se entenderá que el mismo no se ha producido, lo que conllevará que el contribuyente tenga que presentar la autoliquidación rectificativa.

Es importante destacar que estas autoliquidaciones llevan consigo la generación de intereses de demora que deberán ser liquidados por la Administración.

Con relación al plazo en el que deberán ser presentadas estas autoliquidaciones rectificativas hay que señalar que dicho plazo finaliza el mismo día en que termina el de presentación de las declaraciones del IRPF del año en el que concurren las circunstancias que determinan que se considere que no hubo cambio de residencia.

CUESTIÓN

¿Cómo se determina en qué comunidad autónoma tiene su residencia el contribuyente?

Citando la consulta vinculante de la Dirección General de Tributos (V1620-24), de 3 de julio de 2024, podemos responder que:

«De acuerdo con dicho precepto, cuando una persona física tiene su residencia habitual en territorio español por permanecer en el mismo más de 183 días del año natural (circunstancia prevista en el artículo 9.1 a) de la LIRPF), se considera que tiene su residencia habitual en la Comunidad Autónoma:

1º. En la que haya permanecido más días del total del período impositivo, presumiéndose, salvo prueba en contrario, que la persona permanece en la Comunidad Autónoma donde radica su vivienda habitual, definiéndose ésta conforme a lo previsto en la normativa reguladora del IRPF. La acreditación de tales extremos es una cuestión de hecho que deberá ser probada por la contribuyente —a requerimiento de los órganos de gestión e inspección de la Administración Tributaria, a quienes corresponde su valoración— por medios de prueba válidos en Derecho (conforme disponen los artículos 105 y 106 de la Ley 58/2003, de 17 de diciembre, General Tributaria), no correspondiendo a este Centro Directivo la valoración de los mismos sino a los citados órganos de gestión e inspección de la Administración tributaria.

2º.- De no ser posible determinar la residencia conforme a lo anterior, se atiende al territorio donde la contribuyente tenga su principal centro de intereses, considerán-

> *dose éste aquél donde haya obtenido la mayor parte de la base imponible del IRPF, determinada según lo señalado.*
>
> *3°.- En defecto de los criterios anteriores, se considera que es residente en el territorio en el que radique su última residencia declarada a efectos del IRPF.*
>
> *En conclusión de todo lo anterior, la concreción de en qué Comunidad Autónoma tiene su residencia habitual el consultante es una cuestión de hecho que, como antes se ha referido, deberá poder ser probada por el contribuyente —a requerimiento de los órganos de gestión e inspección de la Administración Tributaria, a quienes corresponde su valoración— acreditando los hechos constitutivos de tal condición por cualquier medio de prueba válido en Derecho».*

|| Requisitos para considerar que no hubo cambio de residencia

El apartado 3 del artículo 72 de la LIRPF es el que determina cuales son las circunstancias que deben ser tenidas en cuenta a la hora de determinar que el cambio de residencia se llevó a cabo con el objetivo de lograr una menor tributación.

En este sentido se establece que se presumirá que no ha existido cambio de domicilio cuando:

- En el año en el que se produce el cambio, o en el siguiente, la base imponible del IRPF sea superior en, al menos, un 50 % a la del año anterior al cambio. Si se hubiese optado por la tributación conjunta, habrá que estar a las normas de individualización.

- En el año en el que se produce el cambio de residencia, su tributación efectiva por el IRPF sea inferior a la que le hubiese correspondido conforme a la normativa aplicable en la comunidad autónoma en la que residía antes del cambio.

- En el año siguiente a aquél en que se produce el cambio, o en el siguiente, vuelva a tener su residencia habitual en el territorio de la comunidad autónoma en la que residió antes del cambio.

Cuando la **nueva residencia se prolongue durante al menos 3 años no se presumirá que no ha habido cambio de domicilio,** aunque se den las circunstancias recogidas en el artículo 72.3 de la LIRPF.

> **CUESTIÓN**
>
> **¿El empadronamiento es suficiente para que el contribuyente pueda justificar su residencia?**
>
> Para responder esta cuestión podemos citar la **consulta vinculante de la Dirección General de Tributos (V1526-23), de 5 de junio de 2023,** en la que se afirma:
>
> «(...) *el simple empadronamiento no se considera por sí solo elemento suficiente de acreditación de residencia y vivienda habitual en una determinada localidad, como tampoco lo es el hecho de trasladar o mantener el domicilio fiscal en lugar determinado.*
>
> *La concreción de dicho cambio de residencia y su necesidad es una cuestión de hecho. El contribuyente deberá poder acreditar el cumplimiento de todos los requisitos mencionados por cualquier medio de prueba admitido en Derecho conforme a lo dispuesto en el artículo 106 de la Ley 58/2003, de 17 de diciembre, General Tributaria*

(BOE del 18), correspondiendo valorar las pruebas aportadas a los órganos de gestión e inspección de la Administración Tributaria».

3.4. Disposición de derechos consolidados por mutualistas, partícipes o asegurados

Disposición de derechos consolidados por mutualistas, partícipes o asegurados

El artículo 51.8 de la LIRPF regula el tratamiento fiscal cuando el contribuyente disponga de los derechos consolidados que se derivan de los sistemas de previsión social:

«Si el contribuyente dispusiera de los derechos consolidados así como los derechos económicos que se derivan de los diferentes sistemas de previsión social previstos en este artículo, total o parcialmente, en supuestos distintos de los previstos en la normativa de planes y fondos de pensiones, deberá **reponer las reducciones en la base imponible indebidamente practicadas**, mediante las oportunas autoliquidaciones complementarias, con inclusión de los intereses de demora. Las cantidades percibidas que excedan del importe de las aportaciones realizadas, incluyendo, en su caso, las contribuciones imputadas por el promotor, tributarán como rendimiento del trabajo en el período impositivo en que se perciban».

El punto de partida lo encontramos en la reducción en la base imponible general recogida en el artículo 51 de la LIRPF para las aportaciones y contribuciones a sistemas de previsión social que cumplan los requisitos establecidos en el mentado artículo.

En virtud del mentado artículo, el contribuyente deberá reponer las reducciones indebidamente practicadas, mediante una autoliquidación rectificativa —o complementaria cuando la regularización afecte a períodos impositivos anteriores a 2024—, en aquellos casos en los que el contribuyente disponga de:

– Los derechos consolidados por mutualistas de mutualidades de previsión social (incluidas la mutualidad de previsión social de deportistas profesionales en virtud de la disposición adicional undécima de la LIRPF).

– Los consolidados por partícipes de planes de pensiones regulados en la Directiva (UE) 2016/2341 del Parlamento Europeo y del Consejo, de 14 de diciembre de 2016, relativa a las actividades y la supervisión de los fondos de pensiones de empleo, en supuestos distintos de los previstos en el texto refundido de la Ley de Regulación de los Planes y Fondos de Pensiones.

> **A TENER EN CUENTA.** El art. 51 cita la Directiva 003/41/CE, pero esta ha sido derogada por la Directiva (UE) 2016/2341.

El plazo para presentar estas autoliquidaciones aparece regulado en el artículo 50 del RIRPF, que señala que estas autoliquidaciones rectificativas, o complementarias en su caso, para reponer las reducciones en la base imponible practicadas por la disposición anticipada de los derechos consolidados en sistemas de previsión social se presentarán en el **plazo que medie entre la fecha de dicha disposición anticipada y la finalización del plazo reglamentario de declaración correspondiente al período impositivo en el que se realice la disposición anticipada.**

CUESTIÓN

1. ¿En estos casos se generan intereses de demora?

Sí, el artículo 51.8 de la LIRPF especifica que deben incluirse intereses de demora.

2. ¿Cuáles son las aportaciones y contribuciones a sistemas de previsión social que pueden dar lugar a reducción en la base imponible general?

En virtud de los dispuesto en el artículo 51 de la LIRPF podemos afirmar que, cuando se reúnan los requisitos establecidos en el citado artículo, darán derecho a reducción:

– Aportaciones y contribuciones a planes de pensiones.

  » 1.º Las aportaciones realizadas por los partícipes a planes de pensiones, incluyendo las contribuciones del promotor que le hubiesen sido imputadas en concepto de rendimiento del trabajo.

  » 2.º Las aportaciones realizadas por los partícipes a los planes de pensiones regulados en la Directiva (UE) 2016/2341 del Parlamento Europeo y del Consejo, de 14 de diciembre de 2016, relativa a las actividades y la supervisión de los fondos de pensiones de empleo, incluidas las contribuciones efectuadas por las empresas promotoras.

– Las aportaciones y contribuciones a mutualidades de previsión social.

– Las primas satisfechas a los planes de previsión asegurados.

– Las aportaciones realizadas por los trabajadores a los planes de previsión social empresarial regulados en la disposición adicional primera del texto refundido de la Ley de Regulación de los Planes y Fondos de Pensiones, incluyendo las contribuciones del tomador.

– Las primas satisfechas a los seguros privados que cubran exclusivamente el riesgo de dependencia severa o de gran dependencia conforme a lo dispuesto en la Ley de promoción de la autonomía personal y atención a las personas en situación de dependencia.

RESOLUCIÓN ADMINISTRATIVA

Consulta vinculante de la Dirección General de Tributos (V0349-22), de 23 de febrero de 2022

Asunto: Tributación de las disposiciones anticipadas de los derechos consolidados

«De acuerdo con lo anterior, la reducción en base imponible queda condicionada al cumplimiento de que no exista una disposición anticipada de los derechos consolidados distinta de la prevista en el artículo 8.8 del texto refundido de la Ley de Regulación de Planes y Fondos de Pensiones.

> *No obstante, la norma prevé que, una vez efectuada la reducción en base imponible, la disposición anticipada que se haga, ya sea total o parcial, de los derechos consolidados del mutualista en supuestos distintos de los contemplados en la normativa de planes de pensiones implica automáticamente la pérdida de la totalidad de las reducciones practicadas por todas las cantidades satisfechas a la mutualidad de previsión social, por lo que deberán reponerse tales reducciones.*
>
> *Dicha obligación de reponer las reducciones indebidamente practicadas supone la presentación de declaraciones-liquidaciones complementarias de todos los ejercicios en que se hubieran practicado dichas reducciones, con inclusión de los correspondientes intereses de demora.*
>
> *Además, el mutualista debe tributar, en concepto de rendimientos de trabajo, por las cantidades percibidas que superen las aportaciones directamente realizadas y las contribuciones imputadas fiscalmente».*

A TENER EN CUENTA. Cuando se trate de supuestos en los que la regularización afecte a períodos impositivos anteriores a 2024, habrá que presentar una autoliquidación complementaria en lugar de una rectificativa.

3.5. Disposición de bienes o derechos aportados al patrimonio protegido de personas con discapacidad

La disposición de bienes o derechos aportados al patrimonio protegido de personas con discapacidad

El artículo 54 de la LIRPF regula, en su apartado quinto, las consecuencias fiscales en el IRPF de disponer de cualquier bien o derecho aportado al patrimonio protegido de la persona con discapacidad.

Hay que partir de que, si bien las aportaciones al patrimonio protegido de la persona con discapacidad efectuadas por las personas que tengan con el mismo una relación de parentesco en línea directa o colateral hasta el tercer grado inclusive, así como por el cónyuge de la persona con discapacidad o por aquellos que lo tuviesen a su cargo en régimen de tutela o acogimiento, tendrán derecho a reducir la base imponible del aportante, con los límites y condiciones regulados en el citado artículo 54 de la LIRPF, cuando se realicen **disposiciones de cualquier bien o derecho aportado al patrimonio protegido de la persona con discapacidad efectuada en el período impositivo en que se realiza la aportación o en los cuatro siguientes**, la LIRPF regula las consecuencias fiscales de estas disposiciones.

A TENER EN CUENTA. Tal y como se recoge en la **consulta vinculante de la Dirección General de Tributos (V1905-22), de 7 de septiembre de 2022**, «(...) *la aplicación de los beneficios fiscales requiere, además del cumplimiento de los*

> *requisitos fiscales establecidos en la normativa del IRPF (entre los cuales se encuentran los límites relativos a la disposición de aportaciones establecidos en el artículo 54 de la LIRPF), que las aportaciones realizadas a favor del discapacitado se efectúen con los requisitos y de acuerdo con el procedimiento que, para la constitución del patrimonio protegido del discapacitado y para las aportaciones efectuadas a dicho patrimonio, establece la referida Ley 41/2003, cuyo artículo 3, entre otros requisitos, exige su* constitución en documento público autorizado por notario, o bien mediante resolución judicial».

En estos casos el **contribuyente que haya realizado la aportación deberá reponer las reducciones en la base imponible indebidamente practicadas** mediante la presentación de la oportuna autoliquidación rectificativa, o complementaria en caso de corresponderse con un período impositivo anterior a 2024.

El plazo para presentar dicha autoliquidación será el que medie entre la fecha en que se produzca la disposición y la finalización del plazo reglamentario de declaración correspondiente al período impositivo en el que se realice dicha disposición.

Por su parte, **el titular del patrimonio protegido que recibió la aportación deberá integrar en la base imponible la parte de la aportación recibida que hubiera dejado de integrar** en el período impositivo en que recibió la aportación como consecuencia de la aplicación de lo establecido en el artículo 7.w) de la LIRPF, que regula la exención de los rendimientos del trabajo derivados de las prestaciones obtenidas en forma de renta por las personas con discapacidad correspondientes a las aportaciones a las que se refiere el artículo 53 de la LIRPF, hasta un importe máximo anual de tres veces el indicador público de renta de efectos múltiples, y de los rendimientos del trabajo derivados de las aportaciones a patrimonios protegidos a que se refiere la disposición adicional decimoctava de esta Ley. Para ello deberá realizar la correspondiente autoliquidación rectificativa, o en su caso complementaria, que tendrá que presentar en el plazo que medie entre la fecha en la que se produzca la disposición y la finalización del plazo reglamentario de declaración correspondiente al período impositivo en que se realice la disposición.

A TENER EN CUENTA. Cuando la aportación la hubiesen realizado personas que tengan con el mismo una relación de parentesco en línea directa o colateral hasta el tercer grado inclusive, así como por el cónyuge de la persona con discapacidad o por aquellos que lo tuviesen a su cargo en régimen de tutela o acogimiento, o por un sujeto pasivo del Impuesto de Sociedades, la obligación descrita en el párrafo anterior deberá ser cumplida por dicho trabajador.

CUESTIÓN

¿Estas autoliquidaciones deben incluir intereses de demora?

Sí, en virtud de lo dispuesto en el artículo 54.5.a) y b) de la LIRPF deben incluirse intereses de demora.

Cuando las aportaciones fueron realizadas por un empleador, el trabajador titular del patrimonio protegido deberá comunicarle las disposiciones que se hayan realizado en el período impositivo. Si la disposición se realiza en el patrimonio protegido de los parientes, cónyuges o personas a cargo de los trabajadores en régimen de tutela o acogimiento, el trabajador también deberá comunicarlo al empleador.

RESOLUCIÓN RELEVANTE

Sentencia del Tribunal Superior de Justicia de Madrid n.º 740/2024, de 16 de octubre, ECLI:ES:TSJM:2024:11515

Asunto: los gastos para atender las necesidades vitales de la persona beneficiaria no se consideran disposiciones

«Su regulación se encuentra en la Ley 41/2003, de 18 de noviembre, de protección patrimonial de las personas con discapacidad, y los beneficios fiscales que tiene reconocidos se prevén, por lo que ahora nos interesa, en el artículo 54 LIRPF. Dicho patrimonio debe cumplir determinados requisitos para ser objeto de los beneficios fiscales vinculados a su naturaleza como patrimonio protegido: ser válidamente constituido (documento público autorizado por notario, o bien por autorización judicial), tener como beneficiario única y exclusivamente a la persona, en cuyo interés se constituye, esto es, su titular, quien debe estar afectado por una minusvalía psíquica igual o superior al 33 por ciento, o física o sensorial igual o superior al 65 %, y las aportaciones no pueden ser objeto de disposición durante los cuatro años siguientes al ejercicio de su aportación.

A los efectos de este último requisito, previsto en el artículo 54.5 LIRPF, no debe considerarse como disposición de bienes o derechos, el gasto de dinero y el consumo de bienes fungibles integrados en el patrimonio protegido, cuando se hagan para atender las necesidades vitales de la persona beneficiaria.

En efecto, dispone el artículo 5 LPPD, bajo el título "Administración", en su apartado segundo, lo siguiente:

"2. (...) En todo caso, y en consonancia con la finalidad propia de los patrimonios protegidos de satisfacción de las necesidades vitales de sus titulares, con los mismos bienes y derechos en él integrados, así como con sus frutos, productos y rendimientos, no se considerarán actos de disposición el gasto de dinero y el consumo de bienes fungibles integrados en el patrimonio protegido, cuando se hagan para atender las necesidades vitales de la persona beneficiaria".

La regulación de los beneficios fiscales correspondientes al patrimonio protegido en el IRPF se remite a la regulación civil del mismo, en cuanto a su concepto, requisitos y reglas de funcionamiento, sin perjuicio del establecimiento de requisitos fiscales adicionales a los previstos en la normativa civil.

Lo anterior implica la necesidad de interpretar de forma integradora y conjunta la regulación fiscal de los beneficios aplicables al patrimonio protegido y la regulación del mismo establecida en la normativa civil, teniendo en cuenta la finalidad atribuida legalmente a dichos patrimonios y que justifica su especial tratamiento fiscal, y que no debe olvidarse que es la constitución de un patrimonio y no la atención de las necesidades corrientes o cotidianas del discapacitado, para la cual se establecen otros beneficios fiscales en el IRPF, a través de los mínimos exentos y familiares aplicables en caso de discapacidad.

Por tanto, teniendo en cuenta todo lo expuesto, debe concluirse que el gasto de dinero y el consumo de bienes fungibles integrados en el patrimonio protegido, cuando se hagan para atender las necesidades vitales de la persona beneficiaria, no debe considerarse como disposición de bienes o derechos, a efectos del requisito de mantenimiento de las aportaciones realizadas durante los cuatro años siguientes al ejercicio de su aportación establecido en el artículo 54.5 de la LIRPF.

> *Evidentemente, tanto la concreción de las necesidades vitales del discapacitado, las circunstancias excepcionales anteriormente señaladas, así como la efectiva existencia de un patrimonio, son una cuestión de hecho, que deberán ser acreditadas por el contribuyente a través de medios de prueba admitidos en Derecho, según dispone el artículo 105 de la Ley General Tributaria.*
>
> *Las necesidades vitales son un concepto jurídico indeterminado que exigirá concreción según las circunstancias del caso concreto, pues las necesidades de cuidados y atenciones pueden llegar a ser muy diversas y, ciertamente, las necesidades vitales de un discapacitado pueden ser superiores o de especial naturaleza a las de una persona que no padezca grado de minusvalía.*
>
> *Así, debe distinguirse entre los gastos que se satisfacen para cubrir las necesidades vitales del descendiente discapacitado, y los que son satisfechos en atención de las necesidades cotidianas del descendiente, necesidades comunes de cualquier niño y que todos los padres deben satisfacer sea cual sean las circunstancias de sus hijos y que no conllevan beneficio fiscal alguno para los progenitores, para los que es obligación el sostenimiento y formación de sus hijos menores tal como establece el Código Civil, como manutención, habitación, educación o asistencia médica.*
>
> *Por lo tanto, las disposiciones para atender a las necesidades comunes y cotidianas del día a día del menor, que constituyen gastos esenciales no diferentes de los que está obligado e incurre cualquier progenitor con un hijo menor, deben considerarse actos de disposición, y si son realizados incumpliendo el plazo temporal de cuatro años, deben ser objeto de regularización conforme a la normativa del Impuesto».*

3.6. Pérdida total o parcial del derecho a la exención por reinversión en vivienda habitual y en entidades de nueva o reciente creación

La pérdida del derecho a la exención por reinversión en vivienda habitual y en entidades de nueva o reciente creación

El artículo 41 del RIRPF regula la exención por reinversión en vivienda habitual y en entidades de nueva o reciente creación, y dedica el apartado quinto a determinar las consecuencias fiscales del incumplimiento de los requisitos de la misma.

En primer lugar, conviene recordar que tanto la LIRPF como el RIRPF contienen la regulación tanto la exención por reinversión en vivienda habitual como reinversión en entidades de nueva o reciente creación, que podríamos resumir de la siguiente manera:

– **Reinversión en vivienda habitual**: las ganancias patrimoniales obtenidas por la transmisión de la vivienda habitual del contribuyente podrán excluirse de gravamen cuando el importe obtenido en dicha transmisión se reinvierta en la adquisición de una nueva vivienda habitual en las condiciones que reglamentariamente se determinan. A modo de resumen, podemos decir que los requisitos para poder aplicar la exención son los siguientes:

- Habitualidad de la vivienda transmitida. En virtud de lo dispuesto en el artículo 41 bis del RIRPF, en términos generales, se considera vivienda habitual del contribuyente la edificación que constituya su residencia durante un plazo de al menos tres años continuados.

- Habitualidad de la vivienda adquirida. El artículo 41 bis del RIRPF exige la ocupación en el plazo de 12 meses, al establecer que para que se considere residencia habitual del contribuyente debe de tratarse de una vivienda habitada de manera efectiva y con carácter permanente, en un plazo de 12 meses desde la fecha de adquisición (salvo ciertas excepciones). Además, una vez ocupada la vivienda dentro de esos 12 meses, generalmente también será necesaria la residencia durante un plazo continuado de tres años para que se consolide la exención.

- Reinversión del importe obtenido con la venta, teniendo en cuenta que por reinversión debe entenderse un acto negocial jurídico económico, dándose la realidad del mismo y cumpliéndose con los períodos establecidos por ley y siempre con independencia de los pagos monetarios del crédito/préstamos/deuda hipotecaria asumida en la nueva adquisición.

- Realizar la reinversión en el plazo de 2 años. La reinversión podrá realizarse de una sola vez o sucesivamente durante un periodo que no podrá superar los dos años, que podrán ser los dos años posteriores o anteriores a la venta de la vivienda transmitida.

– **Reinversión en entidades de nueva o reciente creación**: las ganancias patrimoniales que se pongan de manifiesto con ocasión de la transmisión de acciones o participaciones por las que se hubieran practicado la deducción del apartado 1 del artículo 68 de la LIRPF, con reinversión en entidades de nueva o reciente creación, podrán excluirse de gravamen, siempre y cuando el importe total obtenido por la transmisión de acciones o participaciones, se reinvierta en la adquisición de las mismas de las citadas entidades en las condiciones que reglamentariamente se determinen, y que podemos resumir en:

- Las entidades deben revestir la forma de sociedad anónima, sociedad de responsabilidad limitada, sociedad anónima laboral o sociedad de responsabilidad limitada laboral, y no estar admitida a negociación en ningún mercado organizado, tanto mercado regulado como sistemas multilaterales de negociación (debe cumplirse todos los años de tenencia de la acción o participación).

- Las entidades deben ejercer una actividad económica que cuente con los medios personales y materiales para el desarrollo de la misma. En este sentido hay que destacar que no podrá tener por actividad la gestión de un patrimonio mobiliario o inmobiliario en ninguno de los períodos impositivos de la entidad concluidos con anterioridad a la transmisión de la participación.

- El importe de la cifra de los fondos propios de la entidad no podrá ser superior a 400.000 euros en el inicio del período impositivo de la misma en el que el contribuyente adquiera las acciones o participaciones.

- Las acciones deberán adquirirse por el contribuyente en el momento de la constitución de la entidad, o mediante ampliación de capital efectuada, con carácter general, en los cinco años siguientes a dicha constitución, o en los siete años siguientes en el caso de empresas emergentes, y permanecer en su patrimonio por un plazo superior a tres años e inferior a doce años.

- La participación directa o indirecta del contribuyente, y la que posean en la misma entidad su cónyuge o cualquier persona unida al contribuyente por parentesco, en línea recta o colateral, por consanguinidad o afinidad, hasta el segundo grado incluido, no puede ser durante ningún día de los años naturales de tenencia de la participación, superior al 40 % del capital social o de sus derechos de voto. Esto no será de aplicación a los socios fundadores de una empresa emergente.

- Están excluidas las acciones o participaciones de entidades a través de las cuales se ejerza la misma actividad que se venía ejerciendo anteriormente mediante otra titularidad.

- Se requiere una certificación expedida por la entidad cuyas acciones o participaciones se hayan adquirido, indicando el cumplimiento de los requisitos arriba señalados, en el período impositivo en el que se produjo la adquisición de las mismas.

- La reinversión, total o parcial, debe efectuarse en el plazo de un año desde la fecha de transmisión de las acciones o participaciones.

Cuando se incumpla alguna de las condiciones que avalaron el derecho al beneficio fiscal, o la reinversión se realice fuera de los plazos establecidos, se produce la pérdida del derecho a la exención, lo que conlleva el sometimiento a gravamen de la parte de la ganancia patrimonial correspondiente, tal y como se recoge en el artículo 41.5 del RIRPF.

En estos casos, el contribuyente **deberá imputar la parte de la ganancia patrimonial no exenta al año de su obtención**, practicando la **autoliquidación rectificativa** correspondiente.

> **A TENER EN CUENTA**. Cuando la pérdida de la exención afecte a períodos anteriores a 2024, en lugar de una autoliquidación rectificativa, correspondería presentar una autoliquidación complementaria.

El plazo para presentar estas autoliquidaciones aparece recogido en el segundo párrafo del artículo 41.5, que señala que deberá presentarse en el **plazo que medie entre la fecha en que se produzca el incumplimiento y la finalización del plazo reglamentario de declaración correspondiente al período impositivo en que se produzca el incumplimiento**.

CUESTIONES

1. En estos casos de pérdida del derecho a la exención, ¿las autoliquidaciones rectificativas deberán incluir los intereses de demora?

Sí, cuando se practique la autoliquidación correspondiente deberán incluirse los intereses de demora.

2. Un contribuyente ha aplicado la exención por reinversión en vivienda habitual, si bien al final no cumple con el plazo de dos años establecido para la adquisición de la nueva vivienda por causas ajenas a su voluntad. ¿Tiene que presentar autoliquidación rectificativa?

Sí, el contribuyente deberá imputar la ganancia patrimonial no exenta al año en el que se generó (año en el que se vendió la vivienda) realizando una autoliquidación rectificativa, o complementaria en su caso. Tal y como se concluye en la **consulta vinculante de la DGT (V1864-08), de 16 de octubre de 2008**: «(...) *debiendo practicar declaración-liquidación complementaria sobre dicho ejercicio, aplicando la normativa entonces vigente, con inclusión de los intereses de demora desde la fecha de finalización del período voluntario de presentación de la declaración correspondiente a ese ejercicio (...), y presentarla en el plazo que medie entre la fecha en que se produzca el incumplimiento (...) y la finalización del plazo reglamentario de declaración correspondiente al período impositivo (...) en que se produce el incumplimiento*».

RESOLUCIÓN ADMINISTRATIVA

Consulta vinculante de la Dirección General de Tributos (V0127-24), de 15 de febrero de 2024

Asunto: Condiciones para la exención por reinversión en vivienda habitual y las consecuencias de incumplirlas

«*Conforme con tal regulación, para que la ganancia patrimonial obtenida en la transmisión de la vivienda habitual resulte exenta es necesario reinvertir el importe total obtenido en la adquisición o rehabilitación de una nueva vivienda habitual; debiendo efectuarse la reinversión en el plazo de los dos años anteriores o posteriores a contar desde la fecha de enajenación.*

De acuerdo con lo anteriormente expuesto, en el caso planteado, para acogerse a la exención por reinversión, el consultante deberá destinar el importe obtenido en la venta de su vivienda, a la adquisición de una nueva vivienda habitual dentro de los dos años posteriores a la transmisión de la precedente habitual (que según su escrito se produjo en 2021). Por lo tanto, en el caso de que no se dé dicha circunstancia, con independencia de la causa o causas que la originen, el contribuyente no podrá exonerar de gravamen la ganancia patrimonial generada por la transmisión de su vivienda habitual.

Por último, de conformidad con el artículo 41.5 del RIRPF, el incumplimiento de las condiciones exigidas —en este caso el plazo de dos años para la reinversión— comportará el sometimiento a gravamen de la ganancia patrimonial correspondiente. Por tanto, el consultante deberá presentar una **autoliquidación complementaria del período impositivo en el que se obtuvo la referida ganancia patrimonial (2021)** *incluyendo esta ganancia patrimonial no exenta y los intereses de demora, aplicados sobre la cuota a ingresar, al tipo o tipos vigentes durante el tiempo transcurrido desde la finalización del plazo de presentación de declaración del período impositivo 2021 (30 de junio de 2022) hasta la fecha de la regularización. La referida autoliquidación complementaria se presentará en el plazo que medie entre la fecha en que se produzca el incumplimiento y la finalización del plazo reglamentario de declaración correspondiente al período impositivo en que se produzca dicho incumplimiento*».

3.7. Pérdida de la exención de la indemnización percibida por despido o cese del trabajador

La pérdida de la exención de indemnizaciones que fueron percibidas por despido o cese

La exención en el IRPF de indemnizaciones percibidas por despido o cese se contempla en el artículo 7.e) de la LIRPF y se desarrolla en el artículo 1 del RIRPF.

En el artículo 7.e) de la LIRPF se indica que *«las indemnizaciones por despido o cese del trabajador, en la cuantía establecida con carácter obligatorio en el texto refundido de la Ley del Estatuto de los Trabajadores, aprobado por el Real Decreto Legislativo 2/2015, de 23 de octubre, en su normativa de desarrollo o, en su caso, en la normativa reguladora de la ejecución de sentencias, sin que pueda considerarse como tal la establecida en virtud de convenio, pacto o contrato»*. Además, en los despidos colectivos o cuando se extinga el contrato en el supuesto del artículo 52.c) del Real Decreto Legislativo 2/2015, de 23 de octubre, siempre que en ambos supuestos se deba a causas económicas, técnicas, organizativas, de producción o por fuerza mayor, estará exenta la parte de la indemnización percibida que no supere los límites establecidos con carácter obligatorio en el Estatuto de los Trabajadores para el despido improcedente. Por su parte, las indemnizaciones que fueren acordadas en el acto de conciliación ante el servicio administrativo a que se refiere el artículo 63 de la Ley 36/2011, de 10 de octubre, no tendrán la consideración de indemnizaciones establecidas en virtud convenio, pacto o contrato.

El **límite de la cantidad exenta** de la indemnización percibida por cese o despido es de **180.000 euros**.

Por su parte, el artículo 1 del RIRPF condiciona la aplicación del mencionado artículo 7.e) de la LIRPF a la real efectiva desvinculación del trabajador con la empresa.

Y, en ese sentido, el precepto indica que se presumirá, salvo prueba en contrario, que no se da dicha desvinculación cuando en los tres años siguientes al despido o cese el trabajador vuelva a prestar servicios a la misma empresa o a otra empresa vinculada a aquella en los términos previstos en el artículo 18 de la LIS.

Así las cosas, según indica el artículo 73.1 del RIRPF, cuando el contribuyente pierda la exención de la indemnización por despido o cese, deberá modificar la declaración inicialmente presentada, con inclusión de los intereses de demora, en el plazo que medie entre la fecha en la que vuelva a prestar servicios y la finalización del **plazo reglamentario de declaración correspondiente al período impositivo en que se produzca dicha circunstancia**. Debiendo realizarse la modificación:

– A través de la presentación de una autoliquidación rectificativa, cuando se trate de modificar una autoliquidación correspondiente al ejercicio 2024 o posteriores.

– O bien mediante una autoliquidación complementaria, cuando la modificación se refiera a una autoliquidación del período impositivo 2023 o previos.

CUESTIONES

1. ¿Cuándo se produce la pérdida del derecho a la exención?

La pérdida se producirá en aquel supuesto en que, dentro de los tres años posteriores al despido o cese del trabajador, este vuelva a prestar servicios para la misma empresa u otra que esté vinculada a aquella. Así lo establece el artículo 1 del RIRPF.

2. Si el contribuyente pierde el derecho de exención de la indemnización por despido por comenzar a trabajar pasados tres meses desde el despido para una filial de la empresa anterior en la que prestaba servicios, ¿cómo regularizará su situación tributaria?

En este supuesto el procedimiento depende del ejercicio en que se hubiese percibido la cuantía de la indemnización por despido.

En el supuesto en que haya sido en ejercicios anteriores a 2024, se realizará mediante una autoliquidación complementaria, cuyo plazo de presentación se inicia desde la fecha en que vuelve a prestar los servicios para la filial de la empresa anterior hasta que finalice el plazo de declaración correspondiente al periodo impositivo. Esto es, si se percibió en octubre de 2023 y se volvió a prestar los servicios en septiembre de 2024, debe hacerse una autoliquidación complementaria del ejercicio 2023.

Si la indemnización se percibe en el ejercicio 2024 y se diese la misma situación, esto es, que no pasaran tres años desde el despido o cese del trabajador hasta que se volviesen a prestar servicios para la misma empresa u otra que esté vinculada a aquella, se realizará una autoliquidación rectificativa para el ejercicio 2024. Dicha autoliquidación rectificativa se presentará en el plazo que media entre la fecha en la que se volvió a prestar los servicios y la finalización del plazo de declaración correspondiente al periodo impositivo.

En ambos supuestos se han de incluir en la autoliquidación los intereses de demora.

RESOLUCIÓN ADMINISTRATIVA

Consulta vinculante de la Dirección General de Tributos (V1658-18), de 12 de junio de 2018

Asunto: efectiva desvinculación del trabajador con la empresa como requisito para la exención en IRPF de la indemnización por despido.

«*El precepto reglamentario* [artículo 1 del RIRPF] *condiciona el disfrute de la exención a la real y efectiva desvinculación del trabajador con la empresa, y presume, salvo prueba en contrario, que se produce tal situación cuando se produzca una nueva contratación del trabajador despedido o cesado en las condiciones expuestas (que se trate de la misma empresa u otra vinculada y que se efectúe dentro de los tres años siguientes a la efectividad del despido o cese) sin que, a estos efectos, se especifique el tipo o naturaleza jurídica que deba adoptar el contrato, es decir, resulta indiferente tanto su duración como que los servicios prestados por el trabajador despedido dentro de los tres años siguientes deriven de una nueva relación laboral o de la realización de una actividad empresarial o profesional.*

> *En el caso que nos ocupa el consultante plantea consulta referente a los **medios** **para demostrar su desvinculación con la empresa que le despidió**, en el supuesto en que vuelva a prestar sus servicios para la empresa que le despidió dentro de los tres años siguientes a dicho despido, de manera que resultaría de aplicación la presunción contemplada en el artículo 1 del Reglamento del Impuesto.*
>
> *Debe indicarse al respecto que la acreditación de una real y efectiva desvinculación del trabajador es una cuestión de hecho que podrá efectuarse por cualquier media prueba válido en derecho correspondiendo su valoración a los órganos de comprobación e investigación de la Administración tributaria».*

3.8. Pérdida del derecho a la exención por reinversión en rentas vitalicias

Perder el derecho a la exención por reinversión en rentas vitalicias

El artículo 42 del RIRPF regula la exención por reinversión en rentas vitalicias. En su apartado 1 se indica que *«podrán gozar de exención las ganancias patrimoniales que se pongan de manifiesto en la transmisión de elementos patrimoniales por contribuyentes mayores de 65 años, siempre que el importe total obtenido por la transmisión se destine a constituir una renta vitalicia asegurada a su favor, en las condiciones que se establecen en este artículo»*. Dicha exención también se encuentra contemplada en el artículo 38.3 de la LIRPF.

Para que pueda aplicarse esta **exención por reinversión en rentas vitalicias han de darse las siguientes condiciones**:

- La renta vitalicia debe constituirse en el **plazo de seis meses** desde la fecha de transmisión del elemento patrimonial. El plazo para destinar el importe de la retención a la constitución de la renta vitalicia se ampliará hasta la finalización del ejercicio siguiente a aquel en el que se efectúe la transmisión cuando la ganancia patrimonial ese encuentre sometida a retención y el valor de transmisión minorado en el importe de la retención sea destinado íntegramente a constituir una renta vitalicia en el plazo de seis meses, anteriormente citado.

- El contrato ha de ser **suscrito entre el contribuyente y una entidad aseguradora**.

- La renta ha de tener una **periodicidad inferior o igual al año**, comenzar a percibirse en el plazo de un año desde su constitución y su importe anual no podrá decrecer en más de un 5 % respecto al año anterior.

- La **comunicación** por parte del contribuyente **a la entidad aseguradora** de que dicha renta vitalicia contratada constituye la reinversión del importe obtenido por la transmisión de elementos patrimoniales, a efectos de aplicar la exención aquí mencionada.

El **incumplimiento de dichas condiciones, así como la anticipación, ya sea esta total o parcial, de los derechos económicos derivados de la renta vitalicia** constituida resulta determinante para el **sometimiento a gravamen de la ganancia patrimonial correspondiente.**

En tal caso, el contribuyente tendrá que **imputar la ganancia patrimonial no exenta al año de su obtención,** modificando la autoliquidación inicialmente presentada, con inclusión de los intereses de demora. Deberá hacerlo presentando una autoliquidación rectificativa, en los casos en los que se modifique una autoliquidación del ejercicio 2024 o posteriores, o bien una autoliquidación complementaria, cuando se modifiquen declaraciones del período impositivo 2023 o previos.

La autoliquidación rectificativa o complementaria se presentará en el plazo que medie **entre la fecha en que se produzca el incumplimiento y la finalización del plazo reglamentario de declaración correspondiente al período impositivo en que se produzca el incumplimiento.**

A TENER EN CUENTA. La exención por reinversión en rentas vitalicias también podrá ser de aplicación a las **ganancias patrimoniales derivadas de la transmisión de elementos patrimoniales afectos a actividades económicas y a las obtenidas a través de entidades en atribución de rentas** cuando el miembro de la entidad realice la reinversión cumpliendo los requisitos exigidos.

CUESTIONES

1. La autoliquidación rectificativa por la pérdida del derecho a la exención por reinversión en rentas vitalicias, ¿generará intereses de demora?

Sí, generará intereses de demora que, de ser el caso, la Administración liquidará.

2. ¿Qué sucede si el contribuyente realiza el rescate de una renta vitalicia el 23 de septiembre de 2024? ¿Cómo ha de regularizar su situación tributaria si la renta vitalicia fue constituida en 2021 y rescatada en 2024?

El rescate de la renta implica la pérdida de la exención fiscal respecto de la misma, lo que origina la necesidad de una regularización de la situación tributaria, mediante una autoliquidación complementaria correspondiente al ejercicio 2021, en la que se han de incluir los intereses de demora.

La autoliquidación se presentará en el plazo que media entre el 23 de septiembre de 2024 —fecha en la que se produjo el rescate— y la finalización del plazo de declaración correspondiente al periodo impositivo del 2024, esto es el 30 de junio de 2025.

RESOLUCIÓN ADMINISTRATIVA

Consulta vinculante de la Dirección General de Tributos (V0217-25), de 25 de febrero de 2025

Asunto: exención por reinversión en rentas vitalicias y rescate de estas.

«En consecuencia, para poder aplicar la exención, la renta vitalicia deberá reunir los requisitos expuestos en los artículos transcritos. En particular, en el supuesto de que se establezcan fórmulas de contraseguro en caso de fallecimiento una vez constituida la renta vitalicia, deberán respetarse los límites previstos en la letra c) de la citada disposición adicional novena del RIRPF.

De acuerdo con los preceptos transcritos, en caso de que la consultante contratase una renta vitalicia y anticipara de los derechos económicos derivados de la misma, la consultante debería presentar declaración complementaria del IRPF del ejercicio en el que se haya transmitido el elemento patrimonial, incluyendo únicamente la ganancia patrimonial que se originó, que en su momento hubiera resultado excluida de gravamen por reinversión en renta vitalicia y que debido al rescate de dicha renta vitalicia hubiera perdido la exención.

Por otra parte, el ejercicio del derecho de rescate de la renta vitalicia supondría la aplicación de lo establecido en el artículo 25.3.a) 5.º de la LIRPF, según el cual se considera rendimiento del capital mobiliario:

"5.º) En el caso de extinción de las rentas temporales o vitalicias, que no hayan sido adquiridas por herencia, legado o cualquier otro título sucesorio, cuando la extinción de la renta tenga su origen en el ejercicio del derecho de rescate, el rendimiento del capital mobiliario será el resultado de sumar al importe del rescate las rentas satisfechas hasta dicho momento y de restar las primas satisfechas y las cuantías que, de acuerdo con los párrafos anteriores de este apartado, hayan tributado como rendimientos del capital mobiliario. (...)"

Por tanto, respecto a la renta vitalicia, en caso de rescate, la consultante debería declarar un rendimiento del capital mobiliario calculado según lo señalado en el precepto anteriormente reproducido».

3.9. Pérdida de la exención de determinadas rentas en especie

Pérdida de la exención de las rentas en especie por entrega de acciones o participaciones a los trabajadores

El artículo 42.3.f) de la LIRPF establece que estarán exentos los rendimientos del trabajo en especie derivados de la entrega a los trabajadores en activo, de forma gratuita o por precio inferior al normal de mercado, de acciones o participaciones de la propia empresa o de otras empresas del grupo de sociedades, en la parte que no exceda, para el conjunto de las entregadas a cada trabajador, de 12.000 euros anuales, siempre que la oferta se realice en las mismas condiciones para todos los trabajadores de la empresa, grupo o subgrupos de empresa. Dicha exención será de 50.000 euros anuales en el caso de entrega de acciones o participaciones concedidas a los trabajadores de una empresa emergente a las que se refiere la Ley 28/2022, de 21 de diciembre; caso en el que no será necesario que la oferta se realice en las condiciones señaladas en el párrafo anterior, debiendo efectuarse dentro de la política retributiva general de la empresa y contribuir a la participación de los trabajadores en esta última. Si la entrega de acciones o participaciones sociales en empresas emergentes derivase del ejercicio de opciones de compra sobre acciones o participaciones previamente concedidas a los trabajadores por la empresa emergente, los requisitos para la consideración como empresa emergente deberán cumplirse en el momento de la concesión de la opción.

Dicha exención se desarrolla en el artículo 43 del RIRPF, que exige el cumplimiento de los siguientes requisitos para su aplicación:

- La realización de la oferta en las **mismas condiciones para todos los trabajadores de la empresa** y que dicha oferta **contribuya a la participación de estos en la empresa**. Si hubiese grupos o subgrupos de sociedades, este requisito ha de cumplirse en la sociedad a la que preste los servicios el trabajador al que le entreguen las acciones. Este requisito no se incumple cuando se exija a los trabajadores una antigüedad mínima —la misma para todos— o que sean contribuyentes por el IRPF.

  Si las acciones o participaciones fueran concedidas a los trabajadores de una **empresa emergente** de las referidas en la Ley 28/2022, de 21 de diciembre, **no resultará necesario** que la oferta se realice en las condiciones que se señalan en el párrafo anterior, pero ha de realizarse la misma dentro de la política retributiva general de la empresa y contribuir a la participación de los trabajadores en esta.

- Que cada uno de los trabajadores, conjuntamente con sus cónyuges o familiares hasta el segundo grado, **no tengan una participación**, ya sea directa o indirecta, **en la sociedad en la que prestan sus servicios o en cualquier otra del grupo, que sea superior al 5 %**.

- Que los **títulos sean mantenidos al menos durante tres años**.

Como se indica de manera explícita en el párrafo segundo del punto 3.º del apartado dos del artículo 43 del RIRPF, **el incumplimiento** relativo al **mantenimiento de los títulos** al menos durante tres años *«motivará la obligación de presentar una autoliquidación complementaria, con los correspondientes intereses de demora, en el plazo que medie entre la fecha en que se incumpla el requisito y la finalización del plazo reglamentario de declaración correspondiente al período impositivo en que se produzca dicho incumplimiento»*.

A TENER EN CUENTA. En virtud de lo dispuesto por la AEAT en el Manual de Renta 2024, y con la entrada en vigor el 15 de marzo de 2025 de la Orden HAC/242/2025, de 13 de marzo, se ha de entender hecha la referencia respecto de la autoliquidación complementaria a la autoliquidación rectificativa. El artículo 67 bis del RIRPF indica al respecto que *«los contribuyentes deberán rectificar, completar o modificar las autoliquidaciones presentadas por este Impuesto mediante la presentación de una autoliquidación rectificativa»*.

Por lo tanto, de lo anteriormente mencionado se obtiene el **plazo de presentación de la autoliquidación** rectificativa (si se modificase una autoliquidación de 2024 o posterior) o complementaria (si la autoliquidación que se modifica fuese del ejercicio 2023 o previo), que será desde la fecha en que se incumple el requisito para la aplicación de la exención hasta que finalice el plazo reglamentario de declaración correspondiente al periodo impositivo en que tuvo lugar dicho incumplimiento.

La **autoliquidación generará intereses** que, en su caso, serán liquidados por la Administración.

CUESTIÓN

¿Qué sucede si un empleado vende las acciones antes de cumplir el período mínimo de tres años?

Teniendo en cuenta que la venta de las acciones antes de los tres años supone un incumplimiento de los requisitos para la aplicación de la exención, esto deriva en la pérdida del derecho a la exención debiendo el contribuyente regularizar su situación tributaria.

En este supuesto se ha de tener en cuenta el periodo impositivo en que se aplicó la exención, en el 2024 o antes.

– Si se aplicó antes del periodo impositivo 2024, ha de presentarse una autoliquidación complementaria.

– Si se aplicó en el periodo impositivo 2024, ha de regularizarse dicha situación mediante una autoliquidación rectificativa.

En ambos casos el plazo de presentación será el mismo, desde la fecha en que se incumple el requisito para la aplicación de la exención hasta que termine el plazo para realizar la declaración correspondiente al periodo impositivo en que tuvo lugar el incumplimiento.

3.10. Recompra de elementos patrimoniales que hayan originado pérdidas computadas en la declaración

Regularización de pérdidas patrimoniales por recompra

Conforme a las letras e) y g) del artículo 33 de la LIRPF, no se computarán como pérdidas patrimoniales:

– Las derivadas de las transmisiones de elementos patrimoniales, cuando el transmitente vuelva a adquirirlos dentro del año siguiente a la fecha de dicha transmisión. Esta pérdida patrimonial se integrará cuando se produzca la posterior transmisión del elemento patrimonial.

– Las derivadas de las transmisiones de valores o participaciones no admitidos a negociación en alguno de los mercados secundarios oficiales de valores definidos en la Directiva 2014/65/UE del Parlamento y del Consejo, de 15 de mayo de 2014, cuando el contribuyente hubiera adquirido valores homogéneos en el año anterior o posterior a dichas transmisiones. En este caso, las pérdidas patrimoniales se integrarán a medida que se transmitan los valores o participaciones que permanezcan en el patrimonio del contribuyente.

En ese sentido, el artículo 73.2 del RIRPF indica:

«A efectos de lo previsto en el artículo 33.5, letras e) y g) de la Ley del Impuesto, cuando el contribuyente realice la adquisición de los elementos patrimoniales o de los valores o participaciones homogéneos con posterioridad a la finalización del plazo reglamentario de declaración del período impositivo en el que computó la pérdida patrimonial derivada de la transmisión, deberá presentar autoliquidación complementaria, con inclusión de los intereses de demora, en el plazo que medie entre la fecha en que se produzca la adquisición y la finalización del plazo reglamentario de declaración correspondiente al período impositivo en que se realice dicha adquisición».

Esto es, **el contribuyente deberá regularizar su situación tributaria** cuando adquiera elementos patrimoniales o valores o participaciones homogéneos no admitidos a negociación en alguno de los mercados secundarios oficiales de valores definidos en la Directiva 2014/65/UE del Parlamento y del Consejo, de 15 de mayo de 2014, relativa a los mercados financieros, con posterioridad a finalización del plazo reglamentario de declaración del periodo impositivo en que se computó la pérdida patrimonial derivada de la transmisión.

> **A TENER EN CUENTA**. Pese a que el artículo 33.5.g) de la LIRPF menciona la Directiva 2004/39/CE del Parlamento Europeo y del Consejo, de 21 de abril de 2004, esta ha sido derogada por la Directiva 2014/65/UE del Parlamento Europeo y del Consejo, de 15 de mayo de 2014.

Para regularizar la **situación correspondiente al ejercicio 2024** se presentará **autoliquidación rectificativa** correspondiente a dicho ejercicio. La presentación de dicha autoliquidación se realizará entre la fecha que se produjo la adquisición y la finalización del plazo de declaración correspondiente al periodo impositivo en que se realice la recompra del elemento patrimonial, generando intereses de demora que, en su caso, se liquidarán por la Administración.

En aquellos supuestos en que el motivo de dicha regulación afecte a **periodos impositivos anteriores a 2024**, se realizará una **autoliquidación complementaria** del ejercicio correspondiente en el plazo que media entre la fecha en la que se produzca la adquisición y la finalización del plazo de declaración correspondiente al período impositivo en que se realice la recompra del elemento patrimonial.

CUESTIONES

1. ¿Qué se entiende por valores o participaciones homogéneos?

El artículo 8 del RIRPF indica qué se entiende por valores o participaciones homogéneos a efectos del IRPF:

«*(...) se considerarán valores o participaciones homogéneos procedentes de un mismo emisor aquéllos que formen parte de una misma operación financiera o respondan a una unidad de propósito, incluida la obtención sistemática de financiación, sean de igual naturaleza y régimen de transmisión, y atribuyan a sus titulares un contenido sustancialmente similar de derechos y obligaciones*».

2. ¿Cómo ha de regularizar su situación tributaria un contribuyente que adquirió elementos patrimoniales después de que finalizase el plazo reglamentario de declaración del período impositivo en el que computó la pérdida patrimonial derivada de la transmisión, si dicha pérdida la computó en septiembre del año 2023 y recompró los elementos patrimoniales en agosto de 2024?

El contribuyente deberá regularizar su situación presentando una liquidación complementaria del ejercicio 2023.

RESOLUCIÓN ADMINISTRATIVA

Consulta vinculante de la Dirección General de Tributos (V1016-24), de 13 de mayo de 2024

Asunto: para que las pérdidas patrimoniales se integren en el impuesto, las transmisiones de valores deben ser definitivas.

«(...) en el caso de que sí se tratase de valores homogéneos, se debe indicar que la finalidad perseguida por la Ley es no permitir la integración de las pérdidas patrimoniales en tanto el patrimonio del contribuyente permanezca constante, de tal forma que la desinversión que, en principio, conlleva la transmisión de un elemento patrimonial se reponga con la adquisición, en un determinado plazo temporal, de esos mismos elementos patrimoniales u otros homogéneos.

En consecuencia, para que la pérdida patrimonial originada pueda ser integrada a medida que se produzcan las posteriores transmisiones de los elementos patrimoniales que fueron recomprados, estas transmisiones, con independencia de que determinen ganancias o pérdidas patrimoniales, deben ser también definitivas, en el sentido propugnado por el artículo 33.5 de la Ley, de tal forma que en el plazo marcado por la misma, dos meses en el supuesto de valores o participaciones que coticen o un año en el caso de que no coticen, no se produzca la recompra de éstos».

3.11. Devolución de cantidades derivadas de cláusulas suelo que hubieran tenido la consideración de gasto deducible en ejercicios anteriores

Devolución de cantidades derivadas de cláusulas suelo consideradas gasto deducible en ejercicios anteriores

La prohibición de la incorporación de cláusulas suelo a los contratos hipotecarios se recoge en el artículo 21.3 de la Ley 5/2019, de 15 de marzo, en el que se indica que *«en las operaciones con tipo de interés variable no se podrá fijar un límite a la baja del tipo de interés».*

Diversos han sido los pronunciaciones judiciales al respecto, entre los que podemos destacar, por ejemplo, la sentencia del Tribunal de Justicia de la UE n.º C-154/15, de 21 de diciembre, ECLI:EU:C:2016:980, en la que se declara:

«El artículo 6, apartado 1, de la Directiva 93/13/CEE del Consejo, de 5 de abril de 1993, sobre las **cláusulas abusivas en los contratos celebrados con consumidores, debe interpretarse** en el sentido de que **se opone a una jurisprudencia nacional que limita en el tiempo los efectos restitutorios vinculados a la declaración del carácter abusivo,** en el sentido del artículo 3, apartado 1, de dicha Directiva, de una cláusula contenida en un contrato celebrado con un consumidor por un profesional, circunscribiendo tales efectos restitutorios exclusivamente a las cantidades pagadas indebidamente en aplicación de tal cláusula con posterioridad al pronunciamiento de la resolución judicial mediante la que se declaró el carácter abusivo de la cláusula en cuestión».

La disposición adicional cuadragésima quinta de la LIRPF regula el tratamiento fiscal de las cantidades percibidas por la devolución de las cláusulas de limitación de tipos de interés de préstamos —conocidas como cláusulas suelo— derivadas de acuerdos celebrados con las entidades o del cumplimiento de sentencias o laudos arbitrales.

La devolución de cantidades, ya sean en efectivo o mediante otras medidas de compensación, derivadas tanto de acuerdos celebrados con las entidades financieras como del cumplimiento de sentencias o laudos arbitrales, que fueren satisfechas a las entidades financieras en concepto de intereses por la aplicación de cláusulas de limitación de tipos de interés de préstamos, junto con sus correspondientes intereses indemnizatorios, no se integran en la base imponible del IRPF.

Cuando las mencionadas cantidades objeto de devolución **se incluyan en la declaración correspondiente al ejercicio 2024** como gasto deducible, perderán dicha consideración y el contribuyente ha de regularizar su situación tributaria mediante la realización de una autoliquidación rectificativa, sin sanción, ni intereses de demora ni recargo alguno comprendido entre la fecha del acuerdo de devolución y la finalización del siguiente plazo de presentación de autoliquidación por el impuesto.

> **A TENER EN CUENTA.** Si las cantidades derivadas de la aplicación de las cláusulas de limitación de tipos de interés de préstamos fueron satisfechas en el 2024 por el contribuyente, y el acuerdo de devolución de dichas cantidades, ya sea mediante laudo arbitral o sentencia judicial, se produce antes de la finalización del plazo para presentar la autoliquidación del impuesto correspondiente al ejercicio 2024, dichas cantidades no se tendrán en cuenta como gasto deducible en dicho ejercicio.

En el supuesto en que las cantidades objeto de devolución **se hubieran incluido en periodos anteriores a 2024**, la regularización se realizará de acuerdo con el anterior sistema dual, mediante la presentación de una autoliquidación complementaria del ejercicio en que se incluyesen como gasto deducible.

CUESTIÓN

¿Cómo tiene que regularizar su situación un contribuyente que incluyó en el ejercicio 2024 cantidades derivadas de cláusulas suelo como gasto deducible y luego en julio de 2025 se dicta sentencia judicial de devolución de esos importes?

Dado que la sentencia de devolución de las cantidades es posterior a la terminación del plazo para presentar la autoliquidación del IRPF de 2024 y que el contribuyente podía incluir las cantidades como gasto deducible, lo hizo. Una vez dictada la sentencia judicial que establece su devolución, deberá regularizar su situación mediante la presentación de una autoliquidación rectificativa.

RESOLUCIONES RELEVANTES

Consulta vinculante de la Dirección General de Tributos (V1740-24), de 15 de julio de 2024

Asunto: regularización respecto de la devolución del exceso pagado por aplicación de la cláusula suelo, el cual que se va a aplicar a la amortización del capital.

«En relación con la aplicación de lo recogido en la disposición adicional cuadragésima quinta de la Ley del Impuesto, plantea el consultante "si el receptor del dinero cobrado de más, devuelto por la entidad por sentencia judicial, resta este importe devuelto al principal del préstamo (igual que si lo hubiera hecho la entidad financiera), tendría derecho a no regularizar las deducciones practicadas anteriormente correspondientes a esos importes".

Al respecto, cabe señalar que el reproducido párrafo segundo del apartado 2.a) de la disposición adicional cuadragésima quinta excluye la regularización (adición de las cantidades indebidamente deducidas, en los términos del artículo 59 del Reglamento del Impuesto, sin inclusión de intereses de demora, por pérdida del derecho a practicar la deducción) "respecto de la parte de las cantidades que se destine directamente por la entidad financiera, tras el acuerdo —el apartado 3 de esta disposición adicional hace extensible el tratamiento fiscal de las devoluciones mediante acuerdos con las entidades financieras a las devoluciones que sean consecuencia de la ejecución o cumplimiento de sentencias judiciales— con el contribuyente afectado, a minorar el principal del préstamo". Ahora bien, en el presente caso, al haberse ingresado el importe en cuenta solo puede llegarse a la conclusión, respecto al destino posterior de ese importe ingresado en cuenta —en la parte que en cada ejercicio no prescrito hubieran formado parte de manera efectiva de la base de deducción—, que sí procederá realizar la adición por pérdida del derecho a practicar la deducción, pues no ha sido destinado directamente por la entidad financiera a minorar el principal del préstamo.

Por tanto, cuando, conforme con lo expuesto en el párrafo anterior, resultase importe a regularizar procederá sumarlo (en el apartado de la declaración correspondiente al incremento de las cuotas líquidas por pérdida del derecho a determinadas deducciones de ejercicios anteriores) a la cuota líquida estatal y autonómica devengada en el ejercicio en que se ha producido el incumplimiento, "en los términos previstos en el artículo 59 del Reglamento del Impuesto sobre la Renta de las Personas Físicas, aprobado por el Real Decreto 439/2007, de 30 de marzo, sin inclusión de intereses de demora" (...)».

Consulta vinculante de la Dirección General de Tributos (V0960-22), de 3 de mayo

Asunto: regularización de la situación tributaria en el IRPF.

«En cuanto a la regularización que se contempla en el apartado 2 de la misma disposición para los supuestos en que los excesos pagados y ahora devueltos "hubie-

ran formado parte de la base de la deducción por inversión en vivienda habitual o de deducciones establecidas por la Comunidad Autónoma" y respecto a "los ejercicios respecto de los que no hubiera prescrito el derecho de la Administración para determinar la deuda tributaria mediante la oportuna liquidación", procede indicar que tal regularización se concreta en las cantidades devueltas (intereses resultantes de la aplicación de la cláusula que limitaba el tipo de interés aplicable al préstamo) que en cada ejercicio no prescrito hubieran formado parte de manera efectiva de la base de deducción.

En relación con lo referido en el párrafo anterior, y si (tal como señala el consultante respecto a los ejercicios no prescritos) "aunque aplicada la deducción, no ha sido efectiva, pues la cuota íntegra ya era cero", cabe afirmar que no procederá efectuar la regularización respecto a aquellos ejercicios con cuotas íntegras estatal y autonómica cero, pues en tales circunstancias no se ha practicado de forma efectiva la deducción».

4.
RECARGOS A APLICAR

Recargos por declaración extemporánea sin requerimiento previo

El artículo 27 de la LGT se encarga de regular los recargos por declaración extemporánea, definiéndolos como **prestaciones accesorias que deben satisfacer los obligados tributarios como consecuencia de la presentación de autoliquidaciones o declaraciones fuera de plazo sin requerimiento previo de la Administración tributaria.** A los efectos de este precepto se considera requerimiento previo cualquier actuación administrativa realizada con conocimiento formal del obligado tributario conducente al reconocimiento, regularización, comprobación, inspección, aseguramiento o liquidación de la deuda tributaria.

El recargo será igual al 1 % más otro 1 % adicional cada mes completo de retraso con que se presente la autoliquidación o declaración respecto al término del plazo establecido para la presentación e ingreso. El cálculo de este recargo se hará sobre el importe a ingresar resultante de las autoliquidaciones o sobre el importe de la liquidación derivado de las declaraciones extemporáneas y excluirá las sanciones que hubieran podido exigirse y los intereses de demora devengados hasta la presentación de la autoliquidación o declaración.

CUESTIÓN

¿Cuándo se considera que ha transcurrido el mes completo a los efectos del 1 % adicional de recargo?

Para dar respuesta a esta cuestión acudiremos a lo establecido por la **Dirección General de Tributos** en su consulta vinculante (V0532-23), de 7 de marzo de 2023, en la que señala:

«En este punto, cabe destacar la jurisprudencia reiterada del Tribunal Supremo que, en concreto, en Sentencia de 9 de mayo de 2008 reitera lo dicho en la de 8 de marzo de 2006:

"(...)la regla de "fecha a fecha" subsiste como principio general del cómputo de los plazos que se cuentan por meses a los efectos de determinar cuál sea el último de dichos plazos.

Sin necesidad de reiterar en extenso el estudio de la doctrina jurisprudencial y las citas que se hacen en las sentencias de 25 de noviembre de 2003 (recurso de

---

casación 2590/1998), 2 de diciembre de 2003 (recurso de casación 5638/2000) y 15 de junio de 2004 (recurso de casación 2125/1999) sobre el cómputo de este tipo de plazos, cuya conclusión coincide con la que acabamos de exponer, sentencias a las que nos remitimos, nos limitaremos a reseñar lo que podría ser su síntesis en estos términos:

A) Cuando se trata de plazos de meses (o años) el cómputo ha de hacerse según el artículo quinto del Código Civil , de fecha a fecha, para lo cual, aun cuando se inicie al día siguiente de la notificación o publicación del acto o disposición, el plazo concluye el día correlativo a tal notificación o publicación en el mes (o año) de que se trate. El sistema unificado y general de cómputos así establecido resulta el más apropiado para garantizar el principio de seguridad jurídica. "

A su vez, la resolución del Tribunal Económico-administrativo Central con nº de referencia 0/07498/2015/00/00 de fecha 2 de marzo de 2016, dictada en el recurso extraordinario de alzada para la unificación de criterio se hace eco de la doctrina jurisprudencial reproducida.

A la vista de lo anterior, el recargo será del 1 por ciento mientras no se alcance el mes completo de retraso, una vez producido dicho retraso habrá que abonar un 1 por ciento adicional y así sucesivamente conforme a lo marcado en el artículo 27 de la LGT.

El plazo del mes debe computarse conforme a lo dispuesto en el artículo 5.1 del CC, es decir, de fecha a fecha.

En consecuencia, el plazo se cuenta de fecha a fecha desde el vencimiento con la salvedad del apartado 2 del artículo 5 del CC. Por tanto, si el vencimiento del plazo es en fecha 30 de junio, en esa fecha comenzará el cómputo del plazo de un mes, terminando la fecha equivalente del mes siguiente, esto es, 30 de julio. Rebasada dicha fecha, es decir, a partir de 31 de julio, habrá vencido el mes completo de retraso que implica la aplicación de un 1 por ciento de recargo adicional».

En el supuesto de que la declaración se efectúe una vez transcurridos 12 meses desde el término del plazo establecido para la presentación, el recargo será del 15 % y excluirá las sanciones que hubieran podido exigirse. En estos casos, se exigirán los intereses de demora por el período transcurrido desde el día siguiente al término de los 12 meses posteriores a la finalización el plazo establecido para la presentación hasta el momento en que la autoliquidación o declaración se haya presentado.

En las liquidaciones derivadas de declaraciones presentadas fuera de plazo sin requerimiento previo no se exigirán intereses de demora por el tiempo transcurrido desde la presentación de la declaración hasta la finalización del plazo de pago en período voluntario correspondiente a la liquidación que se practique, sin perjuicio de los recargos e intereses que corresponda exigir por la presentación extemporánea.

Los recargos a los que hemos hecho referencia se reducirán en el 25 % siempre que se realice el ingreso total del importe restante del recargo en el plazo de pago voluntario establecido en el artículo 62.2 de la LGT que establece:

«2. En el caso de deudas tributarias resultantes de liquidaciones practicadas por la Administración, el pago en período voluntario deberá hacerse en los siguientes plazos:

a) Si la notificación de la liquidación se realiza entre los días uno y 15 de cada mes, desde la fecha de recepción de la notificación hasta el día 20 del mes posterior o, si éste no fuera hábil, hasta el inmediato hábil siguiente.

b) Si la notificación de la liquidación se realiza entre los días 16 y último de cada mes, desde la fecha de recepción de la notificación hasta el día cinco del segundo mes posterior o, si éste no fuera hábil, hasta el inmediato hábil siguiente».

Este plazo se iniciará con la notificación de la liquidación de dicho recargo y siempre que se realice el ingreso total del importe de la deuda resultante de la autoliquidación extemporánea, al tiempo de su presentación o en los plazos que hemos señalado o siempre que se realice el ingreso en el plazo o plazos fijados en el acuerdo de aplazamiento o fraccionamiento de dicha deuda que la Administración tributaria hubiera concedido con garantía de aval o certificado de seguro de caución y que el obligado al pago hubiera solicitado al tiempo de presentar la autoliquidación extemporánea o con anterioridad a la finalización del plazo abierto con la notificación de la liquidación resultante de la declaración extemporánea.

El importe de la reducción practicada de acuerdo con lo dispuesto en este apartado se exigirá sin más requisito que la notificación al interesado, cuando no se hayan realizado los ingresos a que se refiere el párrafo anterior en los plazos previstos incluidos los correspondientes al acuerdo de aplazamiento o fraccionamiento.

El artículo 27 de la LGT establece una serie de supuestos en los cuales no se exigirán estos recargos si el obligado regulariza su situación, mediante la presentación de una declaración o autoliquidación correspondiente a otros períodos del mismo concepto impositivo, unos hechos o circunstancias idénticos a los regularizados por la Administración, y concurren las siguientes circunstancias

- La declaración o autoliquidación se presente en el plazo de 6 meses a contar desde el día siguiente a aquél en que la liquidación se notifique o se entienda notificada.

- Se produzca el completo reconocimiento y pago de las cantidades resultantes de la declaración o autoliquidación en los términos previstos en el apartado 5 de este artículo.

- No se presente solicitud de rectificación de la declaración o autoliquidación, ni se interponga recurso de reclamación contra la liquidación dictada por la Administración.

- De la regularización efectuada por la Administración no derive la imposición de una sanción.

El incumplimiento de cualquiera de estas circunstancias determinará la exigencia del recargo correspondiente sin más requisito que la notificación al interesado.

Lo expuesto no impedirá el inicio de un procedimiento de comprobación o investigación en relación con las obligaciones tributarias regularizadas mediante las declaraciones o autoliquidaciones a que los mismos se refieren.

Para el caso de que los obligados tributarios no efectúen el ingreso ni presenten solicitud de aplazamiento, fraccionamiento o compensación al tiempo de la presentación de la autoliquidación extemporánea, la liquidación administrativa que proceda por recargos en intereses de demora derivada de la presentación extemporánea, no impedirá la exigencia de los recargos e intereses del período ejecutivo que correspondan sobre el importe de la autoliquidación.

> **A TENER EN CUENTA**. Para que lo establecido en el artículo 27 de la LGT pueda ser aplicable, las autoliquidaciones extemporáneas deberán identificar expresamente el período impositivo de liquidación al que se refieren y deberán contener únicamente los datos relativos a dicho período.

Por lo demás, cabe destacar que en el ámbito del IRPF se establece que no se aplicará recargo en los siguientes supuestos específicos en los que se presente autoliquidación rectificativa (o complementaria si fuese para modificar una autoliquidación del ejercicio 2023 o anteriores):

- Percepción de atrasos de rendimiento del trabajo.
- Devolución de cantidades derivadas de las cláusulas de limitación de tipos de interés de préstamos (cláusulas suelo) que hubieran tenido la consideración de gasto deducible en ejercicios anteriores.
- Pérdida de la condición de contribuyente por cambio de residencia.
- Cambios de residencia entre comunidades autónomas cuyo objeto principal consista en lograr una menor tributación efectiva.
- Disposición de derechos consolidados por mutualistas, partícipes o asegurados.
- Disposición de bienes o derechos aportados al patrimonio protegido de personas con discapacidad.
- Pérdida total o parcial del derecho a la exención por reinversión en vivienda habitual y en entidades de nueva o reciente creación.
- Pérdida del derecho a la exención por reinversión en rentas vitalicias.
- Pérdida de la exención en determinadas retribuciones en especie.
- Pérdida de la exención de la indemnización percibida por despido o cese.
- Recompra de elementos patrimoniales que haya originado pérdidas computadas en la declaración.

En los demás casos, conforme a la regla general, los ingresos correspondientes a las autoliquidaciones rectificativas o complementarias que se presentan voluntariamente con posterioridad al término del plazo de declaración sin requerimiento previo de la Administración tributaria al respecto, tendrán los recargos antes mencionados.

ANEXO.
CASOS PRÁCTICOS

Caso práctico | ¿Cuándo procede presentar autoliquidación rectificativa tras un pago del FOGASA por salarios pendientes?

PLANTEAMIENTO

Un contribuyente ha recibido un ingreso del Fondo de Garantía Salarial (FOGASA) en el año 2024 que se corresponde con salarios impagados de años anteriores. El trabajador reclamó judicialmente contra la empresa salarios impagados correspondientes a 2022, que fueron reconocidos por la empresa antes del juicio e incluso declarados en los modelos 111 y 190, pero que no se le pagaron. En el procedimiento judicial, por tanto, no se discutió el derecho a percibir los salarios, sino su pago. La sentencia devino firme en 2023.

¿Cómo debe declarar este ingreso?

RESPUESTA

En este concreto caso, el modo de declarar estos ingresos dependerá del año en el que los mismos hayan sido exigibles.

Si bien el artículo 14.2.a) de la LIRPF dispone *«Cuando no se hubiera satisfecho la totalidad o parte de una renta, por encontrarse pendiente de resolución judicial la determinación del derecho a su percepción o su cuantía, los importes no satisfechos se imputarán al período impositivo en que aquélla adquiera firmeza»*, la Dirección General de Tributos en su **consulta vinculante (V0499-24), de 4 de abril de 2024**, establece:

> «De acuerdo con la normativa expuesta, los salarios impagados no se corresponden con lo dispuesto en la regla especial, pues al **tratarse de salarios adeudados (no pagados en su momento) la determinación del derecho a su percepción o su cuantía no dependía de la sentencia, por lo que su imputación temporal viene determinada por el período impositivo en el que el trabajador podía exigir su pago al empleador**, imputación que no se ve alterada por el hecho de que en el caso consultado sea el Fondo de Garantía Salarial (FOGASA) quien efectúe el pago de los salarios».

Es decir, al corresponderse los ingresos con cantidades exigibles en ejercicios anteriores, resulta de aplicación la regla del artículo 14.2.b) de la LIRPF:

> «Cuando por circunstancias justificadas no imputables al contribuyente, los rendimientos derivados del trabajo se perciban en períodos impositivos distintos a aquéllos en que fueron exigibles, se imputarán a éstos, practicándose, en su caso, autoliquidación complementaria, sin sanción ni intereses de demora ni recargo alguno. Cuando concurran las circunstancias previstas en el párrafo a) anterior, los rendimientos se considerarán exigibles en el período impositivo en que la resolución judicial adquiera firmeza.
>
> La autoliquidación se presentará en el plazo que media entre la fecha en que se perciban y el final del inmediato siguiente plazo de declaraciones por el impuesto».

Esto conlleva que, tal y como recoge el artículo, tenga que presentarse autoliquidación rectificativa (en el caso, complementaria, porque las cantidades adeudadas se corresponden con períodos anteriores al 2024), en el plazo que medie entre la fecha en la que se percibieron los rendimientos y el final del inmediato siguiente plazo para presentar el IRPF.

Así, la Dirección General de Tributos, por ejemplo, en su consulta vinculante (V1968-12), de 15 de octubre de 2012, diferencia dos plazos para la presentación de la autoliquidación complementaria por los atrasos:

- Si se perciben entre enero y el inicio del plazo de declaración del IRPF que corresponda ese año: la autoliquidación rectificativa o complementaria deberá presentarse antes de que finalice dicho plazo de declaración, salvo que se trate de atrasos del ejercicio inmediatamente anterior, en cuyo caso se incluirán en la declaración de IRPF correspondiente a dicho ejercicio.

- Si se perciben con posterioridad al inicio del plazo de declaración del IRPF: se debe presentar autoliquidación rectificativa o complementaria del período impositivo en que fueron exigibles los rendimientos entre la fecha de percepción de dichos atrasos y el fin del inmediato siguiente plazo de declaración por el IRPF.

CUESTIÓN

¿Qué pasaría si los rendimientos de trabajo hubiesen sido declarados en la renta correspondiente al año de su percepción a pesar de no haberlos recibido hasta el pago del FOGASA?

En estos casos, si los rendimientos ya fueron declarados el contribuyente no tendría que realizar ninguna actuación al respecto. Así lo recoge la **consulta vinculante de la DGT (V1710-24), de 11 de julio de 2024**, que en un supuesto similar ha dispuesto:

«Por tanto, el consultante no debió inicialmente consignar en su declaración del Impuesto sobre la Renta de las Personas Físicas (IRPF) correspondiente al ejercicio 2022 los rendimientos del trabajo que se le adeudaban. A partir del momento en que ha percibido el pago del FOGASA debería haber declarado los rendimientos percibidos, imputándolos al correspondiente período de su exigibilidad (según parece, 2022), mediante la presentación de la correspondiente autoliquidación complementaria del ejercicio 2022 en el plazo existente entre la fecha en que haya percibido los rendimientos y el final del inmediato siguiente plazo de declaración del IRPF, sin sanción ni intereses de demora ni recargo alguno.

En cualquier caso, en la medida en que ya consignó tales rendimientos en la declaración del Impuesto sobre la Renta de las Personas Físicas (IRPF) correspondiente al ejercicio 2022, no será necesario realizar ninguna actuación al respecto».

Caso práctico | Tributación de los atrasos por el complemento de maternidad en la pensión de jubilación

PLANTEAMIENTO

Un contribuyente ha recibido la liquidación de atrasos pendientes al habérsele reconocido el complemento de maternidad por aportación demográfica tras una revisión de oficio por el INSS. ¿Cómo deben tributar esos ingresos? ¿Tiene el contribuyente que presentar una autoliquidación rectificativa?

RESPUESTA

En estos casos el contribuyente deberá atender a lo dispuesto en el artículo 14.2.b) de la LIRPF y declarar dichos ingresos imputándolos al período impositivo en el que los mismos fueron exigibles.

Como punto de partida conviene recordar que el **Tribunal Supremo en su sentencia n.º 322/2024, de 21 de febrero, ECLI:ES:TS:2024:1036,** consideró que el complemento de maternidad sobre la pensión de jubilación tiene la misma naturaleza jurídica que la pensión a la que complementa, lo que implica que se califiquen como rendimientos de trabajo, al igual que la pensión de jubilación.

En su virtud, hay que tener en cuenta que, tal y como se recoge en la **consulta vinculante de la Dirección General de Tributos (V2272-24), de 23 de octubre de 2024:** «(…) *en lo que respecta al complemento correspondiente a los años anteriores a 2024, al percibirse los rendimientos en un período impositivo posterior a los de su exigibilidad, resultará operativa la regla especial de imputación recogida en el artículo 14.2.b) antes transcrita, es decir:* **imputación a los períodos de exigibilidad con la práctica** *(en su caso)* **de autoliquidaciones complementarias** *de esos períodos en los términos de ese artículo: "La autoliquidación se presentará en el plazo que media entre la fecha en que se perciban y el final del inmediato siguiente plazo de declaraciones por el impuesto"*».

Teniendo en cuenta que la autoliquidación —complementaria cuando se trate de ingresos correspondientes a períodos impositivos anteriores a 2024, y rectificativa cuando se correspondan con el período 2024 o siguientes— habrá que presentarla en el plazo que medie entre la fecha en que se perciban los atrasos y el final del inmediato siguiente plazo de declaraciones de IRPF, podemos encontrarnos con distintas variantes:

- Cuando se trate de atrasos recibidos en el 2025, antes de que comience el plazo de presentación de la declaración de ese año de 2025, se diferencian 2 situaciones:

  - Si los atrasos corresponden a períodos impositivos anteriores a 2024: se realizará una declaración complementaria del ejercicio al que se correspondan, que deberá presentarse antes del 30 de junio de 2025.

  - Sin embargo, los atrasos correspondientes al 2024 ya se incluirán en la propia declaración de 2024.

- Si los atrasos se reciben en 2025, pero durante el plazo de presentación de la declaración de IRPF de 2024, nos encontramos con las mismas opciones del punto anterior, con otra posibilidad a mayores para cuando los atrasos se correspondan al 2024, que además de presentarlos en la propia declaración de ese año, también se podrá presentar una autoliquidación rectificativa correspondiente al 2024, antes de que finalice el plazo para presentar la declaración del 2025.

– En tercer lugar, hay que apuntar que cuando los atrasos se reciban después del ejercicio 2024 pero una vez finalizado el plazo de presentar la declaración de dicho año (30 de junio de 2025), la rectificativa correspondiente a atrasos del 2024 se presentará en el plazo que medie entre la recepción de los atrasos y el final del plazo de presentación de la declaración de 2025.

> **A TENER EN CUENTA.** Cuando se trate de atrasos derivados de periodos impositivos anteriores al 2024 deberá emplearse el sistema anterior, es decir, la presentación de una autoliquidación complementaria del ejercicio con el que se correspondan los atrasos.

Conviene recordar que, si en lugar de un reconocimiento de oficio como el que se plantea en el caso, los **atrasos viniesen tras un reconocimiento del complemento por sentencia judicial**, el tratamiento fiscal sería diferente, y así lo recoge, entre otras, la **consulta vinculante de la Dirección General de Tributos V0973-24, de 10 de mayo de 2024**, en la que se señala:

> «Cuestión distinta se produce en el supuesto en que el reconocimiento del complemento de maternidad se produzca por una sentencia judicial por haber sido denegado previamente en vía administrativa. En tal circunstancia, tal denegación y su posterior estimación en vía judicial hace operativa la aplicación de la regla especial de imputación temporal recogida en la letra a) del artículo 14.2 de la Ley del Impuesto, a saber:
> "Cuando no se hubiera satisfecho la totalidad o parte de una renta, por encontrarse pendiente de resolución judicial la determinación del derecho a su percepción o su cuantía, los importes no satisfechos se imputarán al período impositivo en que aquélla adquiera firmeza".
> La aplicación de este precepto lleva a concluir que en tal circunstancia —reconocimiento del complemento de maternidad por resolución judicial— procederá imputar al período impositivo en el que esta adquiera firmeza el importe de los atrasos del citado complemento».

CUESTIÓN

¿Puede aplicarse a estos atrasos la reducción del 30 % por haberse generado en un período superior a dos años?

Sí, en virtud de la **resolución del Tribunal Económico-Administrativo Central n.º 3228/2019, de 1 de junio de 2020**, se fija como criterio que *«Cuando se perciban pensiones o prestaciones asimiladas de períodos anteriores, o complementos o recargos de las mismas de tales períodos, porque una sentencia judicial así lo haya reconocido, a las cantidades percibidas de períodos anteriores, cuando los períodos concernidos superen los dos años, no les resulta de aplicación la reducción del apartado 3 del art. 18 de la Ley 35/2006, pero sí la del apartado 2 de dicho artículo».*

Caso práctico | Regularización por pérdida de la exención de la indemnización percibida por despido

PLANTEAMIENTO

Un contribuyente fue despedido en agosto de 2022 de la empresa en la que trabajaba desde 2018, percibiendo una indemnización de 3.543,25 €. Dicha indemnización se declaró como exenta y no se incluyó en la base imponible del IRPF correspondiente al ejercicio 2022. Además, se presentó demanda por despido improcedente y, en septiembre de 2024, se dictó sentencia declarando improcedente el despido y condenando a la empresa a la readmisión del trabajador, con efectos de ese mismo mes, y al pago de una indemnización adicional. ¿Qué implicaciones conlleva esta decisión respecto al IRPF del contribuyente y cómo ha de proceder para regularizar su situación tributaria?

RESPUESTA

La readmisión del contribuyente conlleva la pérdida del derecho a la exención de la indemnización por despido y la necesidad de regularizar su situación tributaria.

El contribuyente ha de regularizar su situación tributaria mediante la presentación de una **autoliquidación complementaria del IRPF correspondiente al ejercicio 2022** en la que se incluya la indemnización inicial percibida como rendimientos del trabajo, con inclusión de los **intereses de demora**. El plazo para presentarla es desde septiembre de 2024, cuando el trabajador se reincorporó a la empresa, hasta la finalización del plazo de declaración correspondiente al periodo impositivo de 2024, es decir, hasta el 30 de junio de 2025.

Esto es debido a que con la reincorporación a la misma empresa y, por ende, la vuelta a prestar servicios en la misma, se pierde el derecho a la exención contemplada en los artículos 7.e) de la LIRPF y 1 del RIRPF, relativa a las indemnizaciones por despido o cese del trabajador.

Lo ha de realizar mediante autoliquidación complementaria en virtud de lo dispuesto en los artículos 73.1 del RIRPF y 122.1 de la LGT. En el artículo 73.1 se recoge que *«cuando el contribuyente pierda la exención de la indemnización por despido o cese a que se refiere el artículo 1 de este Reglamento, deberá presentar autoliquidación complementaria, con inclusión de los intereses de demora, en el plazo que medie entre la fecha en que vuelva a prestar servicios y la finalización del plazo reglamentario de declaración correspondiente al período impositivo en que se produzca dicha circunstancia»* y por su parte el artículo 122.1 de la LGT que *«los obligados tributarios podrán presentar autoliquidaciones complementarias, o declaraciones o comunicaciones complementarias o sustitutivas, dentro del plazo establecido para su presentación o con posterioridad a la finalización de dicho plazo, siempre que no haya prescrito el derecho de la Administración para determinar la deuda tributaria»*.

> **A TENER EN CUENTA.** Si, en lugar de modificar una autoliquidación del IRPF del ejercicio 2022, hubiera que modificar una del período impositivo 2024 o posterior, en vez de una autoliquidación complementaria habría que presentar una autoliquidación rectificativa.

Al respecto, puede resultar de interés la consulta vinculante de la Dirección General de Tributos (V1580-20), de 26 de mayo de 2020.

Caso práctico | Pérdida del derecho a la exención por reinversión en rentas vitalicias por no constituirlas en plazo o por rescate de las mismas

PLANTEAMIENTO

Un contribuyente, de 78 años, adquirió una vivienda en el año 2001. Debido a su dependencia, el 15 septiembre de 2023 vendió su vivienda por 175.000 euros declarando dicho importe como exento por reinversión en rentas vitalicias. Finalmente, la renta vitalicia en su favor por el importe total de la venta de su vivienda, fue constituida el 23 de febrero de 2025. ¿Cómo ha de regularizar su situación tributaria?

¿Qué sucedería si la vivienda se vendiese y la renta vitalicia se constituyese, ambas en el año 2024, pero el contribuyente rescatase parcialmente dicha renta vitalicia en años posteriores?

RESPUESTA

Deberá de regularizar su situación tributaria, en el **primer supuesto mediante autoliquidación complementaria** y en el segundo, **mediante autoliquidación rectificativa**.

En el primer supuesto, el contribuyente ha de realizar una **autoliquidación complementaria del ejercicio 2023** en virtud de lo dispuesto en el artículo 42.5 del RIRPF pues ha perdido el derecho a la exención por reinversión en rentas vitalicias al no haber cumplido el requisito previsto en el artículo 38.3 de la LIRPF, esto es, por no haber constituido la misma en el plazo de seis meses desde la venta de la vivienda. Con dicha autoliquidación complementaria, **se somete a gravamen la ganancia patrimonial y se generan intereses de demora**.

El **plazo de presentación de la autoliquidación complementaria** será el que medie entre la fecha en que se produzca el incumplimiento y la finalización del plazo para la presentación de la declaración correspondiente al periodo impositivo en que se produjo el incumplimiento que da lugar a la pérdida del derecho.

Si tanto la venta de la vivienda como la constitución de la renta vitalicia tuviesen lugar en el 2024, pero la renta se rescatase en años posteriores, habría que presentar una **autoliquidación rectificativa del ejercicio 2024, incluyendo los intereses de demora** correspondientes. Esto es así en virtud de lo dispuesto en el artículo 67 bis del RIRPF cuya modificación por el Real Decreto 117/2024, de 30 de enero, introdujo esta figura. Por lo que respecta al **plazo para su presentación**, sería desde la fecha en que se produjo el incumplimiento, hasta la finalización del plazo de declaración correspondiente al periodo impositivo en que se produjo dicho rescate.

Respecto a la declaración complementaria por rescate parcial de la renta vitalicia, la consulta vinculante de la Dirección General de Tributos (V1322-20), de 8 de mayo de 2020, concluye que el **rescate parcial supone la tributación de la totalidad de la ganancia patrimonial que estaba exenta** inicialmente por la reinversión del importe en la constitución de una renta vitalicia.

Puede resultar de interés la consulta vinculante de la Dirección General de Tributos (V0254-24), de 29 de febrero de 2024.

Caso práctico | Incidencia en el IRPF del error en el pago de las nóminas por la empresa

PLANTEAMIENTO

Una empresa, en el año 2023, ha cometido un error en el pago de las nóminas de dos de sus empleados, de tal forma que a uno de ellos le ha pagado una retribución superior y a otro inferior. En el 2024 ha procedido a subsanar el error descontando a uno el exceso retribuido y abonando al otro el importe que le era debido. ¿Qué incidencia tendrá en el IRPF el reintegro de la retribución y del pago del atraso?

RESPUESTA

El artículo 14 de la LIRPF establece como regla general que los rendimientos de trabajo se imputarán al período impositivo en que sean exigibles por su perceptor. Ahora bien, cuando por circunstancias no imputables al contribuyente, los rendimientos derivados del trabajo se perciban en períodos impositivos distintos a aquellos en que fueron exigibles, se imputarán a estos, practicándose, en su caso, autoliquidación complementaria, sin sanción ni intereses de demora ni recargo alguno. La autoliquidación se presentará en el plazo que media entre la fecha en que se perciban y el final del inmediato siguiente plazo de declaraciones por el impuesto.

Conforme al precepto señalado el importe satisfecho en el período impositivo 2024 al empleado que había cobrado de menos se imputará al período impositivo de 2023. Por tanto, el empleado deberá presentar, conforme a la normativa aplicable al período impositivo, una autoliquidación complementaria.

Con relación al empleado que en el año 2023 había cobrado una retribución superior a la que le correspondía y que en consecuencia se le ha descontado el exceso en el año 2024, deberá regularizar su situación instando la rectificación de su correspondiente autoliquidación del período impositivo 2023. Resulta de aplicación en este caso lo dispuesto en el artículo 120.3 de la LGT el cual señala que cuando un obligado tributario considere que una autoliquidación ha perjudicado de cualquier modo sus intereses legítimos, podrá instar la rectificación de dicha autoliquidación de acuerdo con el procedimiento que se regule reglamentariamente.

En el sentido que hemos expuesto se ha pronunciado la **consulta vinculante de la Dirección General de Tributos (V0135-20), de 21 de enero de 2020.**

En este caso hemos aplicado el antiguo sistema dual, ya que la modificación de la autoliquidación se refiere al ejercicio 2023. Para el caso de que esta modificación se diera respecto a la autoliquidación de 2024 ambos empleados utilizarían el mismo modelo, autoliquidación rectificativa, para la corrección de su autoliquidación.

A TENER EN CUENTA. La Orden HAC/242/2025, de 13 de marzo, ha implementado la autoliquidación efectiva como el nuevo sistema de rectificación.

Caso práctico | Modificación de la autoliquidación del IRPF en caso de no producirse la reinversión en vivienda habitual

PLANTEAMIENTO

Un contribuyente transmitió su vivienda habitual el 9 de abril de 2021 con la intención de reinvertir el importe en una nueva vivienda habitual, dentro de los dos años siguientes a dicha transmisión. Sin embargo la reinversión no llega a producirse. ¿En qué momento deberá presentar la autoliquidación complementaria?

RESPUESTA

La exención por reinversión en vivienda habitual se regula en el artículo 38 de la LIRPF y se desarrolla en el art. 41 del RIRPF. De esta regulación se deduce que para que la ganancia patrimonial obtenida en la transmisión de la vivienda habitual resulte exenta, es necesario reinvertir el importe total obtenido en la adquisición o rehabilitación de la nueva vivienda habitual, debiendo efectuarse la reinversión en el plazo de los dos años anteriores o posteriores desde la fecha de la enajenación.

Conforme a lo anterior, en el caso que se ha planteado, para acogerse a la exención por reinversión, la adquisición jurídica de la nueva vivienda, debería producirse en los dos años posteriores a la transmisión de la precedente habitual. En el caso de que no se de dicha circunstancia, el contribuyente no podría exonerar de gravamen la ganancia patrimonial generada por la transmisión de su vivienda habitual.

En este supuesto el contribuyente señala que no ha realizado la reinversión, por lo que, conforme señala el artículo 41.5 del RIRPF, el incumplimiento determina el sometimiento a gravamen de la parte de la ganancia patrimonial.

Por tanto el contribuyente deberá presentar una autoliquidación complementaria del período impositivo en el que obtuvo la referida ganancia patrimonial (2021) incluyendo esta ganancia patrimonial no exenta y los intereses de demora, aplicados sobre la cuota a ingresar, al tipo o tipos vigentes durante el tiempo transcurrido desde la finalización del plazo de presentación de declaración del período impositivo 2021 hasta la fecha de regularización.

Esta autoliquidación complementaria deberá presentarse en el plazo que medie entre la fecha en que se produzca el incumplimiento y la finalización del plazo reglamentario de declaración correspondiente al período impositivo en que se produzca dicho incumplimiento.

La DGT se ha pronunciado con relación a esta materia en la consulta vinculante (V2925-20), de 29 de septiembre de 2020.

A TENER EN CUENTA. En este caso hablamos de autoliquidación complementaria ya que la autoliquidación que se debe modificar es la del año 2022. Debemos recordar que la Orden HAC/242/2025, de 13 de marzo, ha implementado la autoliquidación rectificativa como nuevo sistema general de regularización, de aplicación para modificar las autoliquidaciones del IRPF correspondientes al ejercicio 2024 y posteriores.

Caso práctico | Modificación de declaraciones de la renta ya presentadas por inclusión de devolución de cantidades por cláusulas suelo deducidas anteriormente

PLANTEAMIENTO

Un contribuyente presenta la declaración de la renta correspondiente al ejercicio 2024 el 15 de abril de 2025. En diciembre de 2025, cae en la cuenta de que tal vez debería modificar la declaración para incluir la devolución de cantidades previamente satisfechas a entidades financieras en concepto de intereses por la aplicación de las cláusulas suelo que había recibido el 28 de julio de 2025 por acuerdo con la entidad financiera, el 3 de julio de 2025, y que habían sido consideradas como gasto deducible en ejercicios anteriores. ¿Cómo ha de proceder ante tal situación?

RESPUESTA

El contribuyente ha de realizar una autoliquidación rectificativa correspondiente al ejercicio 2024 y una autoliquidación complementaria respecto de los ejercicios anteriores en los que dichas cantidades satisfechas fueron deducidas.

Pese a ya haber realizado la declaración de la renta correspondiente al ejercicio 2024, esta ha de ser modificada independientemente de su resultado mediante una autoliquidación rectificativa correspondiente al ejercicio 2024. Esta corrección se ha de realizar mediante una autoliquidación rectificativa en el plazo comprendido entre el acuerdo con la entidad financiera, esto es, el 3 de julio, y la finalización del siguiente plazo de presentación de autoliquidación por el IRPF, el correspondiente al ejercicio 2025, que se establecerá reglamentariamente.

Además, el contribuyente también debe regularizar su situación tributaria respecto de los ejercicios anteriores a 2024 en los que haya declarado dicho gasto como deducible y no hubiese prescrito el derecho de la Administración para determinar la deuda tributaria mediante la correspondiente liquidación. Para ello, ha de emplear el antiguo sistema dual, concretamente la autoliquidación complementaria. Esto es así en virtud del apartado 2.b) de la disposición adicional cuadragésima quinta de la LIRPF en la que se indica:

> «Cuando tales cantidades hubieran tenido la consideración de gasto deducible en ejercicios anteriores respecto de los que no hubiera prescrito el derecho de la Administración para determinar la deuda tributaria mediante la oportuna liquidación, se perderá tal consideración, debiendo practicarse autoliquidación complementaria correspondiente a tales ejercicios, sin sanción, ni intereses de demora, ni recargo alguno en el plazo comprendido entre la fecha del acuerdo y la finalización del siguiente plazo de presentación de autoliquidación por este Impuesto».

En este supuesto, al tratarse de cláusulas suelo y en virtud de lo establecido en la disposición anteriormente mencionada, no se incluirán intereses de demora ni en la autoliquidación complementaria ni en la rectificativa.

Caso práctico | Autoliquidación en plazo con reconocimiento de deuda ante la imposibilidad del pago, ¿qué recargo corresponde?

PLANTEAMIENTO

El contribuyente ha presentado el modelo 111 correspondiente al tercer trimestre de 2023 el 6 de octubre, siendo por tanto presentada en plazo ya que el plazo de presentación finalizaba el 20 de octubre. Esta autoliquidación se realiza con reconocimiento de deuda ante la imposibilidad del pago, el cual se realiza de manera íntegra el día 29 de octubre.

En este caso el contribuyente se plantea si corresponde aplicar el recargo del art 27 de la LGT o por el contrario debe aplicar el recargo del artículo 28 de la LGT.

RESPUESTA

Con relación a esta cuestión se ha pronunciado la **Dirección General de Tributos** en la consulta vinculante (V1094-23), de 4 de mayo de 2023.

El artículo 27 de la LGT se encarga de regular los recargos por declaración extemporánea sin que se haya realizado requerimiento previo por parte de la Administración tributaria, señalando en el apartado 1:

> «1. Los recargos por declaración extemporánea son prestaciones accesorias que deben satisfacer los obligados tributarios como consecuencia de la presentación de autoliquidaciones o declaraciones fuera de plazo sin requerimiento previo de la Administración tributaria.
> A los efectos de este artículo, se considera requerimiento previo cualquier actuación administrativa realizada con conocimiento formal del obligado tributario conducente al reconocimiento, regularización, comprobación, inspección, aseguramiento o liquidación de la deuda tributaria».

Del planteamiento expuesto se advierte que la autoliquidación ha sido presentada dentro del plazo establecido en la normativa del tributo y por lo tanto no procede la aplicación de los recargos por declaración extemporánea sin requerimiento previo del artículo 27 de la LGT.

Ahora bien, el contribuyente presenta la autoliquidación en plazo sin efectuar el ingreso total, ni solicitar aplazamiento, fraccionamiento o compensación al momento de la presentación. En este caso, conforme al artículo 161 de la LGT se inicia el período ejecutivo desde el día siguiente a la finalización del plazo para el ingreso establecida en la normativa del tributo.

A este respecto señala el artículo 28 de la LGT:

> «1. Los recargos del período ejecutivo se devengan con el inicio de dicho período, de acuerdo con lo establecido en el artículo 161 de esta ley.
> Los recargos del período ejecutivo son de tres tipos: recargo ejecutivo, recargo de apremio reducido y recargo de apremio ordinario.
> Dichos recargos son incompatibles entre sí y se calculan sobre la totalidad de la deuda no ingresada en período voluntario.
> 2. El recargo ejecutivo será del cinco por ciento y se aplicará cuando se satisfaga la totalidad de la deuda no ingresada en periodo voluntario antes de la notificación de la providencia de apremio.

3. El recargo de apremio reducido será del 10 por ciento y se aplicará cuando se satisfaga la totalidad de la deuda no ingresada en periodo voluntario y el propio recargo antes de la finalización del plazo previsto en el apartado 5 del artículo 62 de esta ley para las deudas apremiadas.

4. El recargo de apremio ordinario será del 20 por ciento y será aplicable cuando no concurran las circunstancias a las que se refieren los apartados 2 y 3 de este artículo.

5. El recargo de apremio ordinario es compatible con los intereses de demora. Cuando resulte exigible el recargo ejecutivo o el recargo de apremio reducido no se exigirán los intereses de demora devengados desde el inicio del período ejecutivo.

6. No se devengarán los recargos del periodo ejecutivo en el caso de deudas de titularidad de otros Estados o de entidades internacionales o supranacionales cuya actuación recaudatoria se realice en el marco de la asistencia mutua, salvo que la normativa sobre dicha asistencia establezca otra cosa».

Por tanto, en el supuesto que hemos planteado corresponde aplicar uno de los recargos regulados en el citado artículo.

Caso práctico | A efectos del art. 54.5 de la LIRPF, ¿los gastos de contratar una cuidadora para la persona con discapacidad se consideran disposición?

PLANTEAMIENTO

Un contribuyente ha aplicado los beneficios fiscales —reducción en la base imponible— ligados al patrimonio protegido constituido a favor de su hijo que tiene una discapacidad del 66 % y necesita ayuda de una tercera persona para realizar las tareas cotidianas del día a día. Si contrata a una cuidadora para atender a su hijo, ¿se entiende que dicho gasto se incluye entre los necesarios para cubrir las necesidades vitales o deberá realizar una autoliquidación rectificativa por haber realizado una disposición no permitida en el patrimonio protegido?

RESPUESTA

Sí, los gastos relativos a la cuidadora tienen por objeto satisfacer las necesidades vitales del menor, por lo que no se consideran como disposición de bienes o derecho a los efectos de lo establecido en el artículo 54.5 de la LIRPF.

En este sentido se ha pronunciado el **Tribunal Superior de Justicia de Madrid en su sentencia n.° 740/2024, de 16 de octubre, ECLI:ES:TSJM:2024:11515**, en la que, en un supuesto similar, resuelve a favor del contribuyente, tras analizar los beneficios fiscales de las aportaciones a patrimonios protegidos de las personas con discapacidad.

El primer lugar, recuerda el TSJ que las aportaciones al patrimonio protegido de la persona con discapacidad efectuadas por las personas que tengan con el mismo una relación de parentesco en línea directa o colateral hasta el tercer grado inclusive, así como por el cónyuge de la persona con discapacidad o por aquellos que lo tuviesen a su cargo en régimen de tutela o acogimiento, darán derecho a reducir la base imponible del aportante con los límites y condiciones que recoge el artículo 54 de la LIRPF.

Apunta el TSJ que la finalidad de la Ley 41/2003, de 18 de noviembre, de protección patrimonial de las personas con discapacidad y de modificación del Código Civil, de la Ley de Enjuiciamiento Civil y de la Normativa Tributaria con esta finalidad, es favorecer la aportación a título gratuito de bienes y derechos al patrimonio de personas con discapacidad y establecer mecanismos adecuados para garantizar el destino de dicho patrimonio y sus frutos a la satisfacción de las necesidades vitales de sus titulares, concluyendo que:

> «El patrimonio protegido, por tanto, es un mecanismo de protección patrimonial de las personas discapacitadas, que permite a sus familiares asignar una serie de bienes a la satisfacción de las necesidades vitales del discapacitado, sin tener que esperar a transmitir dichos bienes a través de las disposiciones testamentarias, o a través de donaciones al patrimonio personal. El patrimonio protegido es independiente del patrimonio personal de la persona discapacitada y carece de personalidad jurídica. Y esta masa patrimonial se considera protegida por dos motivos: porque tiene una serie de beneficios fiscales; y porque su administración está supervisada por el Ministerio Fiscal
> (...)
> Su regulación se encuentra en la Ley 41/2003, de 18 de noviembre, de protección patrimonial de las personas con discapacidad, y los beneficios fiscales que tiene reconocidos se prevén, por lo que ahora nos interesa, en

el artículo 54 LIRPF. Dicho patrimonio debe cumplir determinados requisitos para ser objeto de los beneficios fiscales vinculados a su naturaleza como patrimonio protegido: ser válidamente constituido (documento público autorizado por notario, o bien por autorización judicial), tener como beneficiario única y exclusivamente a la persona, en cuyo interés se constituye, esto es, su titular, quien debe estar afectado por una minusvalía psíquica igual o superior al 33 por ciento, o física o sensorial igual o superior al 65 %, y las aportaciones no pueden ser objeto de disposición durante los cuatro años siguientes al ejercicio de su aportación.

A los efectos de este último requisito, previsto en el artículo 54.5 LIRPF, **no debe considerarse como disposición de bienes o derechos, el gasto de dinero y el consumo de bienes fungibles integrados en el patrimonio protegido, cuando se hagan para atender las necesidades vitales de la persona beneficiaria**».

Es decir, tal y como se recoge en la mentada sentencia el gasto de dinero y consumo de bienes fungibles integrados en el patrimonio protegido, cuando se hagan para atender las necesidades vitales de la persona beneficiaria, no debe considerarse como disposición de bienes o derechos, a efectos del requisito de mantenimiento de las aportaciones realizadas durante los cuatro años siguientes al ejercicio de su aportación establecido en el artículo 54.5 de la LIRPF.

A la hora de concretar cuáles son las necesidades vitales se distinguen:

- Los gastos que para satisfacer las necesidades vitales del descendiente con discapacidad. No constituyen actos de disposición.
- Los gastos para cubrir las necesidades cotidianas del descendiente, como manutención, habitación, educación o asistencia médica. Las disposiciones para atender estos gastos sí se considerarían actos de disposición, y si incumplen el plazo de 4 años, deberían regularizarse mediante la autoliquidación rectificativa correspondiente (complementaria en el caso de que afecte a períodos anteriores a 2024).

En virtud de todo lo expuesto, la Sala concluye:

«Pues bien, basta una mera lectura de la ingente documentación médica aportada por la demandante para constatar la relevancia de las limitaciones físicas y psíquicas inherentes a la enfermedad padecida por el menor. Se trata de una enfermedad que conlleva un elevado grado de discapacidad que condiciona su vida diaria hasta para las actividades más elementales, requiriendo atenciones especiales, dada su discapacidad intelectual y motora, ajenas a las necesidades comunes a cualquier menor, con la dedicación de medios humanos, materiales y económicos que conlleva. Tal y como pone de relieve la documentación médica, el menor necesita adaptaciones muy significativas y apoyo en todos los ámbitos del desarrollo, en particular, durante su jornada escolar, en las actividades de la vida diaria (alimentación, higiene, vestido, etc.), actividad física, desarrollo motor, desarrollo cognitivo, integración social, etc.

Los gastos relativos a la cuidadora tienen por objeto satisfacer esas necesidades vitales del menor discapacitado, por lo que no deben considerarse como disposición de bienes o derechos, a efectos del requisito de mantenimiento de las aportaciones realizadas durante los cuatro años siguientes al ejercicio de su aportación, establecido en el artículo 54.5 de la LIRPF».

Caso práctico | Recompra de valores no admitidos a negociación en mercados secundarios oficiales de valores cuya venta originó pérdidas declaradas en el ejercicio anterior

PLANTEAMIENTO

Una contribuyente realiza una venta de valores no admitidos a negociación en mercados secundarios oficiales de valores el 15 octubre de 2023 a otro accionista de la sociedad con la intención de dejar su condición de accionista y declarando dicha transmisión como una pérdida patrimonial en el ejercicio 2023. Posteriormente, adquirió la misma cantidad de valores no admitidos a negociación en mercados secundarios oficiales de valores el 12 de septiembre de 2024. ¿La venta de los valores se considera una pérdida patrimonial?, ¿ha de realizar algún trámite respecto a su declaración del IRPF correspondiente al ejercicio 2023?

RESPUESTA

La venta de los valores **no se considera una pérdida patrimonial** puesto que se han vuelto a adquirir en el plazo inferior a un año desde que se produjo la venta y, por ende, la contribuyente **ha de presentar una autoliquidación complementaria correspondiente al ejercicio 2023**, con inclusión de los intereses de demora y así regularizar su situación tributaria. El plazo para la presentación de dicha autoliquidación es desde el 12 de septiembre de 2024 —fecha de adquisición de los valores— hasta la finalización del plazo de declaración correspondiente al periodo impositivo 2024 —periodo impositivo en que se realizó la adquisición—.

Esto es así en virtud de lo dispuesto en los artículos 73.2 del RIRPF y 33.5 de la LIRPF.

El apartado 2 del artículo 73 del RIRPF establece que a efectos de lo dispuesto en las letras e) y g) del artículo 33.5 de la LIRPF, cuando el contribuyente adquiera elementos patrimoniales o valores o participaciones homogéneos después de la finalización del plazo establecido reglamentariamente para la declaración del periodo impositivo en que computó la pérdida patrimonial derivada de la transmisión de los mismos, ha de presentar una autoliquidación complementaria, incluyendo los intereses de demora.

Por su parte el apartado 5 del artículo 33 de la LIRPF establece, respecto a las transmisiones de valores o participaciones no admitidos a negociación en alguno de los mercados secundarios oficiales de valores, que no se computarán como pérdidas patrimoniales las derivadas de dichas transmisiones cuando el contribuyente adquiriese valores homogéneos en el año anterior o posterior a estas.

En el supuesto en que la venta se realizase, por ejemplo, el 15 de octubre de 2024 y la compra el 12 de septiembre de 2025, la venta de los valores tampoco se consideraría una pérdida patrimonial, pero la situación tributaria de la contribuyente se tendría que regularizar mediante la presentación de una autoliquidación rectificativa del ejercicio 2024.

> **RESOLUCIÓN ADMINISTRATIVA**
>
> Consulta vinculante de la Dirección General de Tributos (V0896-23), de 18 de abril de 2023
>
> Asunto: finalidad de la LIRPF respecto a transmisiones de elementos patrimoniales recomprados.
>
> *«La finalidad perseguida por la Ley es no permitir la integración de las pérdidas patrimoniales en tanto el patrimonio del contribuyente permanezca constante, de tal*

forma que la desinversión que, en principio, conlleva la transmisión de un elemento patrimonial se reponga con la adquisición, en un determinado plazo temporal, de esos mismos elementos patrimoniales u otros homogéneos.

En consecuencia, para que la pérdida patrimonial originada pueda ser integrada a medida que se produzcan las posteriores transmisiones de los elementos patrimoniales que fueron recomprados, estas transmisiones, con independencia de que determinen ganancias o pérdidas patrimoniales, deben ser también definitivas, en el sentido propugnado por el artículo 33.5 de la Ley, de tal forma que en el plazo marcado por la misma no se produzca la recompra de éstos.

En el presente caso, dado que las acciones transmitidas y referidas en su escrito de consulta están admitidas a negociación en un mercado americano, resultará aplicable la letra g) del artículo 33.5 de la LIRPF y el plazo para que no se produzca la recompra de dichos valores será de un año anterior o posterior a la transmisión de las acciones».

ANEXO II.
FORMULARIO

Escrito de solicitud de rectificación de autoliquidación de IRPF

Cuando un obligado tributario quiera modificar una autoliquidación del IRPF presentada porque resulte una cantidad a devolver superior a la autoliquidada o un importe a ingresar inferior al de la autoliquidación presentada (como sucede si declaró indebidamente alguna renta exenta, computó importes en cuantía superior a la debida, olvidó deducir algún gasto fiscalmente admisible u omitió alguna reducción o deducción a la que tenía derecho); por tanto, **cuando estime que la autoliquidación haya perjudicado de cualquier modo sus intereses**, podrá instar la rectificación de dicha autoliquidación a través del procedimiento que regulan los artículos 120.3 de la LGT, y 126 a 129 del Real Decreto 1065/2007, de 27 de julio (RGAT).

De conformidad con el apartado 4 del artículo 120 de la LGT, añadido por la Ley 13/2023, de 24 de mayo (con entrada en vigor el 26 de mayo de 2023), cuando lo establezca la normativa propia del tributo, el obligado tributario deberá presentar una autoliquidación rectificativa, utilizando el modelo normalizado de autoliquidación que al efecto se haya aprobado, con la finalidad de rectificar, completar o modificar otra autoliquidación presentada con anterioridad. Y, justamente, en desarrollo de esa previsión, el posterior Real Decreto 117/2024, de 30 de enero, modificó el artículo 67 bis del RIRPF, para incorporar en él la regulación de las **autoliquidaciones rectificativas** en el ámbito del IRPF, cuya aplicación efectiva, sin embargo, quedó a espera de la orden ministerial que aprobase los modelos de declaración; modelos que se han aprobado a través de la Orden HAC/242/2025, de 13 de marzo, con entrada en vigor el **15 de marzo de 2025**.

Con la implementación efectiva de esta figura, la rectificación de las autoliquidaciones del IRPF deberá realizarse del siguiente modo:

– Como regla general, los contribuyentes deberán rectificar, completar o modificar las autoliquidaciones presentadas por el IRPF mediante la presentación de una autoliquidación rectificativa, utilizando el correspondiente modelo de declaración.

– Sin embargo, y a modo de excepción, cuando el motivo de la rectificación del obligado tributario sea exclusivamente la alegación razonada de una eventual vulneración por la norma aplicada en la autoliquidación previa de los preceptos de otra norma de rango superior legal, constitucional, de derecho de la UE o de un tratado o convenio internacional se podrá instar la rectificación a través del procedimiento previsto en el apartado 3 del artículo 120 de la LGT y desarrollado en los artículos 126 a 128 del RGAT. Con todo, si este motivo concurre con otros de distinta naturaleza, por estos últimos el obligado tributario deberá presentar una autoliquidación rectificativa.

> **A TENER EN CUENTA.** La autoliquidación rectificativa de una autoliquidación previa se podrá presentar antes de que haya prescrito el derecho de la Administración para determinar la deuda tributaria mediante liquidación o el derecho a solicitar la devolución que, en su caso, proceda. Si se presenta fuera del plazo de declaración tendrá el carácter de extemporánea.

Según indica la AEAT en el Manual de Renta 2024, este nuevo sistema de rectificación se configura como el **procedimiento general de modificación de declaraciones de IRPF correspondientes al período impositivo 2024**. Ahora bien, el tradicional **procedimiento de solicitud de rectificación de autoliquidaciones se mantiene** en las condiciones establecidas en el artículo 67 bis del RIRPF en la redacción dada por el Real Decreto 1074/2017, de 29 de diciembre, que se aplicará para la **corrección de errores de autoliquidaciones de IRPF correspondientes a 2023 y ejercicios anteriores.**

Este modelo de escrito permitiría solicitar la rectificación a través del procedimiento previsto en los artículos 126 a 128 del RGAT, en aquellos supuestos en los que proceda. Conforme al primero de dichos preceptos, en la solicitud de rectificación deberá constar:

- Nombre y apellidos o razón social o denominación completa, número de identificación fiscal del obligado tributario y, en su caso, del representante.

- Hechos, razones y petición en que se concrete la solicitud.

- Lugar, fecha y firma del solicitante o acreditación de la autenticidad de su voluntad expresada por cualquier medio válido en derecho.

- Órgano al que se dirige.

- Los datos que permitan identificar la autoliquidación que se pretende rectificar.

- En caso de que se solicite una devolución, deberá hacerse constar el medio elegido por el que haya de realizarse la devolución, pudiendo optar entre los previstos en el artículo 132 del RGAT. Cuando el beneficiario de la devolución no hubiera señalado medio de pago y esta no se pudiera realizar mediante transferencia a una entidad de crédito, se efectuará mediante cheque cruzado.

Además, la solicitud deberá acompañarse de la documentación en que se basa la solicitud de rectificación y los justificantes, en su caso, del ingreso efectuado por el obligado tributario. Si se actúa por medio de representante, deberá aportarse la documentación acreditativa de la representación.

A LA DEPENDENCIA DE GESTIÓN DE LA DELEGACIÓN / ADMINISTRACIÓN DE [LUGAR] DE LA AGENCIA ESTATAL DE ADMINISTRACIÓN TRIBUTARIA

Don/Doña [NOMBRE], mayor de edad, con DNI [NÚMERO_Y_LETRA_DNI] y domicilio a efectos de notificaciones en [DOMICILIO], actuando en nombre propio/actuando en representación de don/doña [NOMBRE]/Entidad [NOMBRE_EMPRESA], con DNI/NIF [NÚMERO_Y_LETRA_DNI/NIF] y domicilio en [DOMICILIO], según acreditación en documento que se adjunta, comparece ante esta Administración y como mejor proceda,

EXPONE

PRIMERO.- El día [DÍA] de [MES] de [AÑO] el interesado antes identificado presentó declaración-liquidación por el concepto tributario [CONCEPTO] correspondiente al ejercicio [AÑO], referencia [NÚMERO], resultando una cantidad a ingresar de [CANTIDAD]. Se acompañan la declaración y carta de pago como documentos n.º [NÚMERO] y n.º [NÚMERO].

SEGUNDO.- En dicha autoliquidación se ha apreciado [ESPECIFICAR]. Hecha la correspondiente corrección, resulta la siguiente liquidación ajustada a Derecho: [DESCRIPCIÓN], con una cuota a devolver de [CANTIDAD] euros.

TERCERO.- La referida autoliquidación ha perjudicado los intereses del obligado tributario en cuyo nombre se presenta este escrito, generando un ingreso indebido, por lo que se interesa su rectificación al amparo de los artículos 120 y 221 de la LGT (1).

Según el apartado 3 del artículo 120 de la Ley 58/2003, de 17 de diciembre, General Tributaria, cuando un obligado tributario considere que una autoliquidación ha perjudicado de cualquier modo sus intereses legítimos, podrá instar la rectificación de dicha autoliquidación de acuerdo con el procedimiento que se regule reglamentariamente. No obstante, cuando lo establezca la normativa propia del tributo, la rectificación deberá ser realizada por el obligado tributario mediante la presentación de una autoliquidación rectificativa, conforme al artículo 120.4 de la LGT. Según dicho precepto, cuando lo establezca la normativa propia del tributo, el obligado tributario deberá presentar una autoliquidación rectificativa, utilizando el modelo normalizado de autoliquidación aprobado al efecto con la finalidad de rectificar, completar o modificar otra autoliquidación presentada con anterioridad.

En el caso de que la rectificación de una autoliquidación origine una devolución derivada de la normativa del tributo y hubieran transcurrido seis meses sin que se hubiera ordenado el pago por causa imputable a la Administración tributaria, esta abonará el interés de demora del artículo 26 de la Ley General Tributaria sobre el importe de la devolución que proceda, sin necesidad de que el obligado lo solicite. A estos efectos, el plazo de seis meses comenzará a contarse a partir de la finalización del plazo para la presentación de la autoliquidación o, si este hubiese concluido, a partir de la presentación de la solicitud de rectificación o de la autoliquidación rectificativa.

Cuando la rectificación de una autoliquidación origine la devolución de un ingreso indebido, la Administración tributaria abonará el interés de demora en los términos señalados en el artículo 32.2 de la Ley General Tributaria. No obstante, cuando la rectificación de una autoliquidación implique una minoración del importe a ingresar de la autoliquidación previa y no origine una cantidad a devolver, se mantendrá la obligación de pago hasta el límite del importe a ingresar resultante de la rectificación.

Por otra parte, el apartado 4 del artículo 221 de la LGT determina que «cuando un obligado tributario considere que la presentación de una autoliquidación ha dado lugar a un ingreso indebido, podrá instar la rectificación de la autoliquidación de acuerdo con lo dispuesto en el apartado 3 del artículo 120 de esta ley».

Las autoliquidaciones rectificativas se regulan, en el ámbito del IRPF, en el artículo 67 bis del RIRPF, cuya implementación efectiva se ha producido tras la aprobación de los correspondientes modelos por medio de la Orden HAC/242/2025, de 13 de marzo, con entrada en vigor el 15 de marzo de 2025. Dicho precepto establece:

«1. Los contribuyentes deberán rectificar, completar o modificar las autoliquidaciones presentadas por este Impuesto mediante la presentación de una autoliquidación rectificativa, utilizando el modelo de declaración aprobado por la persona titular del Ministerio de Hacienda.

No obstante lo dispuesto en el párrafo anterior, cuando el motivo de la rectificación del obligado tributario sea exclusivamente la alegación razonada de una eventual vulneración por la norma aplicada en la autoliquidación previa de los preceptos de otra norma de rango superior legal, constitucional, de Derecho de la Unión Europea o de un Tratado o Convenio internacional se podrá instar la rectificación a través del procedimiento previsto en el artículo 120.3 de la Ley 58/2003, de 17 de diciembre, General Tributaria, y desarrollado en los artículos 126 a 128 del Reglamento General de las actuaciones y los procedimientos de gestión e inspección tributaria y de desarrollo de las normas comunes de los procedimientos de aplicación de los tributos, aprobado por Real Decreto 1065/2007, de 27 de julio. Si este motivo concurriese con otros de distinta naturaleza, por estos últimos el obligado tributario deberá presentar una autoliquidación rectificativa.

2. La autoliquidación rectificativa de una autoliquidación previa se podrá presentar antes de que haya prescrito el derecho de la Administración para determinar la deuda tributaria mediante liquidación o el derecho a solicitar la devolución que, en su caso, proceda. Cuando se presente fuera del plazo de declaración tendrá el carácter de extemporánea.

(...)

5. La autoliquidación rectificativa no producirá efectos respecto a aquellos elementos que hayan sido regularizados mediante liquidación definitiva o provisional en los términos a que se refieren los apartados 2 y 3 del artículo 126 del Reglamento General de las actuaciones y los procedimientos de gestión e inspección tributaria y de desarrollo de las normas comunes de los procedimientos de aplicación de los tributos, aprobado por el Real Decreto 1065/2007, de 27 de julio, respectivamente».

Por su parte, el procedimiento para la rectificación de autoliquidaciones a utilizar cuando no proceda la autoliquidación rectificativa se regula en los artículos 126 y siguientes del Real Decreto 1065/2007, de 27 de julio, por el que se aprueba el Reglamento General de las actuaciones y los procedimientos de gestión e inspección tributaria y de desarrollo de las normas comunes en los procedimientos de aplicación de los tributos (RGAT).

En este supuesto, procede la utilización de este último procedimiento, pues se refiere a una autoliquidación del período impositivo [ESPECIFICAR] / se utiliza esta vía porque el motivo de la rectificación es exclusivamente la alegación razonada de una eventual vulneración por la norma aplicada en la autoliquidación previa de los preceptos de otra norma de rango superior legal, constitucional, de derecho de la Unión Europea o de un tratado o convenio internacional [DESARROLLAR_AQUÍ_Y_EN_SU_CASO_EN_PUNTO_SEPARADO_ESPECÍFICO].

CUARTO.- De conformidad con lo establecido en el artículo 126 del Real Decreto 1065/2007, de 27 de julio, se solicita que se practique la devolución resultante de la rectificación a través de transferencia bancaria en la cuenta n.º [NÚMERO], de titularidad del solicitante.

QUINTO.- Se justifica todo lo anterior mediante aportación de la siguiente documentación:

[ESPECIFICAR].

Por todo ello,

SOLICITO:

Que se tenga por presentado en tiempo y forma este escrito, junto con los documentos que lo acompañan, por formulada **solicitud de rectificación de la autoliquidación de referencia** y que **se ordene la devolución de ingresos indebidos por importe de** [CANTIDAD] **euros más los intereses de demora correspondientes,** cuya restitución interesa se efectúe por el medio indicado.

En [LOCALIDAD], a [DIA] de [MES] de [AÑO].

Fdo. D./D.ª [NOMBRE_Y_APELLIDOS]

[FIRMA]

---

(1) Téngase en cuenta que, tras la implementación efectiva de la autoliquidación rectificativa, la rectificación de las autoliquidaciones del IRPF deberá realizarse del siguiente modo:

– Como regla general, los contribuyentes deberán rectificar, completar o modificar las autoliquidaciones presentadas por el IRPF mediante la presentación de una autoliquidación rectificativa, utilizando el correspondiente modelo de declaración.

– Sin embargo, y a modo de excepción, cuando el motivo de la rectificación del obligado tributario sea exclusivamente la alegación razonada de una eventual vulneración por la norma aplicada en la autoliquidación previa de los preceptos de otra norma de rango superior legal, constitucional, de derecho de la UE o de un tratado o convenio internacional se podrá instar la rectificación a través del procedimiento previsto en el apartado 3 del artículo 120 de la LGT y desarrollado en los artículos 126 a 128 del RGAT. Con todo, si este motivo concurre con otros de distinta naturaleza, por estos últimos el obligado tributario deberá presentar una autoliquidación rectificativa.

Según indica la AEAT en el Manual de Renta 2024, este **nuevo sistema de rectificación se configura como el procedimiento general de modificación de declaraciones de IRPF correspondientes al período impositivo 2024**. Ahora bien, el **tradicional procedimiento de solicitud de rectificación de autoliquidaciones se mantiene** en las condiciones establecidas en el artículo 67 bis del RIRPF en la redacción dada por el Real Decreto 1074/2017, de 29 de diciembre, que se aplicará para la **corrección de errores de autoliquidaciones de IRPF correspondientes a 2023 y ejercicios anteriores**.